农垦改革背景下农牧业可持续发展模式与战略研究

——以大兴安岭农垦为例

王瑞波 著

中国农业科学技术出版社

图书在版编目(CIP)数据

农垦改革背景下农牧业可持续发展模式与战略研究 / 王瑞波著 .—北京：中国农业科学技术出版社，2017. 11

ISBN 978-7-5116-3288-3

Ⅰ. ①农… Ⅱ. ①王… Ⅲ. ①农业－可持续发展战略－研究－大兴安岭地区 ②畜牧业－可持续发展战略－研究－大兴安岭地区 Ⅳ. ① F327. 353

中国版本图书馆 CIP 数据核字（2017）第 251887 号

责任编辑 崔改泵
责任校对 马广洋

出 版 者 中国农业科学技术出版社
北京市中关村南大街 12 号 邮编：100081
电　　话 （010）82109194（编辑室）（010）82109702（发行部）
（010）82109709（读者服务部）
传　　真 （010）82106650
网　　址 http://www.castp.cn
经 销 者 各地新华书店
印 刷 者 北京建宏印刷有限公司
开　　本 700mm × 1 000mm 1 /32
印　　张 13 彩插 12 面
字　　数 226 千字
版　　次 2017 年 11 月第 1 版 2017 年 11 月第 1 次印刷
定　　价 68.00 元

前言

农垦作为农业国有经济的主要形式，在保障国家粮食和农产品安全中发挥着不可替代的作用，既是保障重要农产品供给和国家市场调控的重要支柱，又是现代农业的排头兵和农业“走出去”的国家队，同时在维护国家边境稳定中也发挥了不可替代的作用。但随着社会的发展，内外部环境的变化，农垦政企关系混淆、农垦办社会负担重，市场化运行落后、遏制农垦经营效率，管理体制缺陷、部分农垦企业亏损严重等问题亟待解决。2015 年《中共中央国务院关于进一步推进农垦改革发展的意见》印发，从体制机制改革、优化融资结构、减轻农垦负担、降低企业运营成本、产业融合发展、人才队伍建设等方面为农垦改革保驾护航，给农垦发展改革带来了千载难逢的历史机遇。党的十八大提出了“五位一体”的总体布局，生态文明、可持续发展被提到了前所未有的高度。农垦改革必须围绕生态文明建设和农业可持续发展的要求，积极探索符合农垦特点的农业可持续发展道路与模式，带动我国农业实现绿色发展、持续发展。

大兴安岭农垦始建于 1960 年，是一个以农牧业为基础，集工、商、贸、旅游等多元产业发展的大型现代国有企业集团，隶属呼伦贝尔农垦集团。垦区位于内蒙古呼伦贝尔市东部，是农业部五家直供垦区之一，先后被评为全国首批农业现代化建设示范场、全国百家无公害农产品示范基地、农业部农产品质量追溯系统建设单位。我们以大兴安岭农垦为案例，对其农牧业可持续发展模式和战略进行了深入研究，研究成果对于其他地区农垦推进农业可持续发展具有一定借鉴意义。在梳理和总结研究工作的同时，编写了本书。

全书共 11 章，分别介绍了以下各项研究及其取得的成果。

第一章，系统分析新形势下大兴安岭农垦发展的战略背景。农业供给侧结构性改革为大兴安岭农垦发展提供了新动能，农业可持续发展为大兴安岭农垦发展指明了新方向，农垦改革为大兴安岭农垦发展带来了新机遇，农业现代化对大兴安岭农垦发展提出了新要求。在新背景下，推进大兴安岭农垦改革有利于探索高纬度地区农业可持续发展机制模式，建设国家农业可持续发展试验示范区；建设绿色有机农畜产品生产加工输出基地，推进大健康产业发展；打造农牧业产业化航母，促进一二三产融合发展；提高垦区职工素质和收入，助力全面实现小康；带动周边“三少民族”地区脱贫致富，维护边疆和谐稳定。

第二章，对农垦发展进行了 SWOT 分析。大兴安岭农垦区是世界著名的三大黑土带之一，位于大兴安岭山脉东南麓，嫩江中游西岸，林木茂盛、空气清新、环境优美、生态容量较大，是国家重点生态功能区。农垦“工匠精神”薪火相传，集民族文化、知青文化、军垦文化为一体，具备生态、文化和休闲三大特色。原生态，零污染，土质、水源、气候优势得天独厚，具有发展生态农业、休闲观光、特色旅游潜在优势。同时，垦区存在种养结构不合理，水利设施薄弱，坡耕地“水打沟”亟待治理等问题，“大兴安岭农垦”品牌优势还未真正发挥，一二三产融合有待深化，龙头企业实力有待增强。农垦仍承担着社会行政、社会事业、社会服务性 3 个方面职能，投资缺口大、社保负担重等体制机制障碍有待破除。

第三章，研究提出发展思路和未来的目标任务。通过实施生态引领、结构优化、品牌驱动、科技支撑四大战略，打造六大优势产业，实现五大突破（突破体制机制障碍、突破市场营销瓶颈、突破传统发展理念、突破地域界限、突破人力资源短板），力争 5 ～ 10 年将大兴安岭农垦建设成为国家农垦改革创新的样板区、“三创型”国家农业可持续发展试验示范区、内蒙古一二三产融合示范区、呼伦贝尔产业化航母，示范引领东北地区农业可持续发展。

第四章，明确空间布局和产业布局。综合考虑大兴安岭农垦资源禀赋、产业基础、自然条件、地理区位和生态环境承载力等多方面因素，遵循“依托资源、发挥优势、拓展功能、产业融合”的原则，对垦区产业布局进行优化提升，按照“一体、两翼、多园”的空间布局创建国家农业可持续发展试验示范区。“一体”是垦区发展的主体区域，包括夏日小镇和东方红农场。“两翼”分别指东向发展翼、西向发展翼。“多园”是指建设多种类型的示范园，即生态循环农业示范园、农业科技示范园、创意创业创新园、加工物流园和田园综合体等。依托产业基础，重点发展优质粮油产业、生态畜牧业、饲草料产业、精品特色产业、绿色蔬菜产业、休闲观光与乡村旅游产业六大特色主导产业。最终形成点、线、面有机结合，以点带面、产业联动、集群发展的空间发展格局。

第五章，调优调顺产业体系，促进农牧业产业可持续发展。重点研究优质粮油产业、生态畜牧业、饲草料产业、精品特色产业、绿色蔬菜产业、加工与物流产业的现状与问题、发展思路、发展目标和重点工程。

第六章，强化资源环境生态保护，推进农牧业可持续发展。从黑土地保护治理、水土流失和水打沟治理、农业废弃物资源化利用、化肥农药减量施用、生态循环农业示范等方面分析了现状问题，研究提出了发展思路、发展目标，设计出重点工程和重点项目。

第七章，强化社区和新型经营主体建设，促进垦区社会可持续发展。从美丽宜居农垦社区建设，休闲观光和乡村旅游，文化创意与会展，新型经营主体培育等方面分析了现状与问题，研究提出了发展思路、发展目标，明确重点任务，设计重点工程。

第八章，加强物质装备和质量安全建设，构建农业可持续发展支撑体系。从农业水利设施体系，智慧农业服务体系，新技术新模式示范推广体系，物质装备体系，产品质量安全体系，社会化服务体系等方面分析了现状和问题，研究提出了发展思路、发展目标和重点工程。

第九章，强化土地制度和金融资本创新，推进体制机制改革。从垦区体制改革与创新，土地产权制度改革与创新，资本运作与金融创新等方面分析了现状和问题，研究提出了发展思路、发展目标和重点任务，明确了改革创新举措。

第十章，根据重点工程，实施 14 类 65 个重点项目，明确了建设地点、建设规模和建设内容，对重点项目进行了投资估算。同时，详细分析了经济效益、社会效益和生态效益。

第十一章，强化组织财政人才建设，提供有力实施保障。从加强组织领导、完善财政支持、依法治企经营、创新金融服务、强化人才培养、加强宣传推介、扩大开放合作、完善考核激励机制等方面提供各方保障，加快推进大兴安岭农垦农牧业可持续发展进程。

本书完成得到了中国农业科学院高春雨副研究员、高明杰副研究员、王国刚副研究员、黄圣男博士、姜茜博士和硕士研究生肖雷、余婧婧的大力支持。资料收集、实地调研和书稿完成得到了大兴安岭农垦集团公司刘仁刚董事长、张文武副总经理、郭海山副总经理、李传斌处长、常海涛科长及相关业务科室的大力支持。对他们的辛苦劳动表示衷心感谢。

由于水平有限，书中难免有不妥之处，恳请广大读者批评指正。

著者

2017 年 7 月

目 录

第四章 空间布局与产业布局

第五章 农业产业可持续发展

第六章 资源环境可持续发展

第七章 垦区社会可持续发展

第一章 背景与意义

一、研究背景

（一）农业供给侧结构性改革为大兴安岭农垦发展提供了新动能

当前我国经济发展进入新常态，农业的主要矛盾已由总量不足转变为结构性矛盾，突出表现为阶段性供过于求和供给不足并存，矛盾的主要方面在供给侧。中央对农业供给侧结构性改革做出了一系列战略部署，强调要紧密围绕市场需求变化，以增加农民收入、保障有效供给为主要目标，优化产品产业结构，推行绿色生产方式，拓展农业产业链、价值链，创新体制机制，提高农业供给质量。内蒙古自治区和呼伦贝尔市深入贯彻落实中央文件精神，实施“三去一降一补”，加快推进农牧业供给侧结构性改革，在降低企业成本和企业融资等方面做出了总体部署。

近年来，受国家粮食临储政策调整、国内消费结构转型升级、农产品价格持续低迷及国际农产品进口冲击等因素影响，大兴安岭农垦过去“只管种不愁销”、享受国家保护政策的时代一去不复返，“一粮独大”“一羊独大”的单一结构难以适应市场多元化需求，面临农产品卖难、收入降低的发展瓶颈。受生产成本地板抬升和农产品价格天花板的双重挤压，农垦经济增速放缓，进入换挡爬坡关键时期。加快推进大兴安岭农垦农业供给侧结构性改革，为突出经济低速发展重围提供了新动能。

（二）农业可持续发展为大兴安岭农垦发展指明了新方向

近年来，我国农业农村经济取得了巨大成就。同时，耕地、水、草原等资源过度开发，化肥、农药等农业投入品过量使用，地下水超采以及农业内外源污染相互叠加等带来的一系列问题日益凸显，农业可持续发展面临重大挑战。为此，农业部联合八部委发布《全国农业可持续发展规划（2015—2030 年）》，这是今后一个时期指导农业可持续发展的纲领性文件，把农业可持续发展提到了历史新高度。内蒙古自治区、呼伦贝尔市政府积极响应国家战略，提出要坚持生态绿色发展，坚定不移地走农业可持续发展道路。

目前，大量使用化肥农药、保护性耕作缺失导致土壤板结、黑土地质量下降、“流油”的黑土地变成“流泪”的黑土地，无序开荒、植被破坏导致“水打沟”数量增加、水土流失严重，水利设施匮乏造成水资源利用效率不高，由于气候和技术原因，农作物秸秆综合利用率偏低，草场退化、饲料来源单一、种养不结合，农业面源污染等问题凸显。加快推进农业可持续发展，必须农牧循环、种养结合，发展生态循环农业，走绿色生产，可持续发展之路，实现“一控两减三基本”的战略目标。农业绿色发展、可持续发展为大兴安岭农垦发展指明了新方向。

（三）农垦改革为大兴安岭农垦发展带来了新机遇

农垦作为农业国有经济的主要形式，是保障国家粮食和农产品安全的重要力量，是保障重要农产品供应和国家市场调控的重要支柱，是现代农业中的排头兵和农业“走出去”的国家队，在维护国家边境稳定中也发挥了不可替代的作用。但随着社会的发展，内外部环境的变化，农垦政企关系混淆、农垦办社会负担重，市场化运行落后、遏制农垦经营效率，管理体制缺陷、部分农垦企业亏损严重等问题亟待解决。2015 年《中共中央国务院关于进一步推进农垦改革发展的意见》印发，给垦区发展改革带来了千载难逢的历史机遇。内蒙古自治区、呼伦贝尔市出台了一系列政策文件，从体制机制改革、优化融资结构、减轻农垦负担、降低企业运营成本、产业融合发展、人才队伍建设等方面为农垦改革保驾护航。

目前，大兴安岭农垦企业分离办社会职能不彻底、负担重，公司制改革推进缓慢、举步维艰，薪酬激励制度不完善、职工积极性不高，缺少资本运作平台，国有资本布局结构不合理，运行效率不高，国有资产保值增值渠道少。大兴安岭农垦必须借国家农垦改革东风，改变职工理念，锐意创新，勇于改革，打破体制机制的桎梏和束缚。国家、内蒙古自治区和呼伦贝尔市的农垦改革为大兴安岭农垦发展带来了新机遇。

（四）农业现代化对大兴安岭农垦发展提出了新要求

中央历来高度重视“三农”问题，自 2004 年以来连续出台 14 个关于“三农”问题的中共中央国务院一号文件（简称中央一号文件，全书同）。2015 年我国粮食产量实现“十二连增”，农民收入实现“十二连快”，取得了举世瞩目的伟大成就，进入农业现代化的关键时期。内蒙古自治区和呼伦贝尔市抢抓“一带一路”战略、“中蒙俄经济走廊”建设、“东北振兴计划”等机遇，围绕“稳粮增收调结构、提质增效转方式”，着力提升农牧业现代化水平。

当前，大兴安岭垦区农牧业现代化发展成效显著。同时，农牧业基础设施仍然薄弱，产业结构不尽合理，内生动力仍然不足，职工增收仍然较难，农业资源与环境保护双重紧箍咒致使农牧业不可持续的问题日益突出。农业现代化对大兴安岭农垦发展提出了新要求。大兴安岭农垦必须紧紧围绕市场需求，转变农牧业发展思路，积极推进农牧业转型升级，大力发展大健康产业和高效农业，增加职工收入，辐射带动周边“三少民族”发展，着力把大兴安岭垦区建设成为国家农业可持续试验示范区、全国农业现代化的先行区。

二、研究意义

（一）探索高纬度地区农业可持续发展机制模式，建设国家农业可持续发展试验示范区

为合力推进农业可持续发展，加快农业现代化进程，2016年农业部联合有关部委印发《国家农业可持续发展试验示范区建设方案》。建设国家农业可持续发展试验示范区，是贯彻绿色发展理念、推动生态文明建设、转变农业发展方式、补齐资源环境短板、加快农业现代化、促进农业可持续发展的重要抓手，对探索中国特色农业可持续发展道路具有重要意义。大兴安岭垦区是农业部直供垦区之一，是地处高纬度（北纬50°）优质食用大豆主产区，是国家重要商品粮生产战略基地。2016年，大兴安岭农垦成为国家区域生态循环农业示范点，并成为内蒙古自治区国家农业可持续发展试验示范区创建主体，为争取成为国家农业可持续发展试验示范区奠定良好基础。

通过规划实施，树立“绿色发展、循环发展、可持续发展”理念，推进四大战略，实现五大突破，打造六大产业链条，建设五大园区，大力发展生态循环农牧业，实现区域布局优化、资源利用高效化、农业投入减量化、生产过程清洁化、废弃物利用资源化，辐射带动周边相关产业发展，打造高纬度地区农业可持续发展试验示范样板，引领区域农业可持续发展。

（二）建设绿色有机农畜产品生产加工输出基地，推进大健康产业发展

内蒙古自治区和呼伦贝尔市依托优良的资源禀赋、优越的产地环境和天然生态的特色农畜产品全力打造国家绿色农畜产品生产加工输出基地，这为大兴安岭农垦发展绿色有机农畜产品提供了有利契机。大兴安岭垦区地处大兴安岭生态功能区腹地，素有“北国碧玉”“绿色净土”之美誉。原生态，零污染，土质、水源、气候优势得天独厚，是生产绿色有机农畜产品的净土，是发展大健康食品产业的黄金区域。

通过规划实施，以市场为导向，以创新科技为动力，以职工增收为核心，积

极推进绿色有机农牧业发展，推进“大兴安岭品牌”建设，将垦区打造成全国知名有机绿色农畜产品生产加工和输出供应基地。以旅游业为拉动，把健康旅游、健康养生养老、健康体育文化相互融合，形成大健康产业链，带动产业化大发展。

（三）打造农牧业产业化航母，促进一二三产融合发展

农垦是保障粮食安全和重要农畜产品供给的国家队，是现代农业产业化发展的航母。大兴安岭农垦经过几十年的发展，农业综合生产能力、基础设施建设、农机装备水平、农业产业化经营、农产品质量安全、农产品商品率等都得到快速发展和不断提高。但是，垦区的农牧业结构和发展方式有待优化，市场竞争力需要不断提高，加工业、旅游业等二三产业需要提升。

通过规划实施，合理垦区区域布局和优化“三个结构”（种植结构、土地经营结构和农业产业结构），推进优特产品产业集群化、集团化发展，加快资源整合，在秸秆转化利用、养殖繁育基地建设、特色旅游景点打造、特种特养项目建设等方面快速发展，建立优特产品产加销链条，把存量做优做顺，把增量做大做强，形成“农牧业产业化为抓手，促进一二三产融合发展”的全产业链发展模式，打造农业产业化航母，提升大兴安岭农垦农业在国内外市场的知名度和竞争力，带动周边旗县农牧业提质增效。

（四）提高垦区职工素质和收入，助力全面实现小康

垦区部分职工思想和经营理念较为保守，缺乏专业技能型和生产经营型人才队伍，高端人才匮乏。原材料、能源价格和劳动力成本上升，农资价格、农机成本、饲料成本逐年上涨，农业生产成本增加，农产品销售收入下降，农业经营性收入增长困难。同时，畜牧业和休闲旅游业起步晚、规模小，粮油精深加工不足，限制了职工收入增加。农业转移性收入和财政性收入受限，全面实现小康社会的任务仍然相当艰巨。

通过规划实施，打造高素质专业技能型、服务型和生产经营型人才队伍，转变职工观念，提升队伍素质，变“要我干”为“我要干”。拓展农牧业产业链、价值链，积极培育壮大农产品加工与物流、休闲观光旅游、创意农牧业等新产业新业态，实施品牌培育与市场开拓工程，发展农畜产品边贸与开放合作，促进农业产业内部由单一生产向产前和产后拓展、产业外部种养向种养加、服务业融合，做强一产、做优二产、做活三产，实现产业间深度有机融合，创造大量新的就业岗位，激发“大众创业、万众创新”活力，带动职工就业增收致富。

（五）带动周边“三少民族”地区脱贫致富，维护边疆和谐稳定

大兴安岭垦区分布在鄂伦春自治旗（以下简称鄂旗）和莫力达瓦达斡尔族自治旗（以下简称莫旗）境内，是鄂伦春族、莫力达瓦达斡尔族和鄂温克族“三少民族”的集中居住区。“三少”自治旗被确定为自治区集中连片特困区域，莫旗被列为国家级贫困县，大兴安岭垦区是扶贫攻坚的主阵地。加快“三少民族”地区经济发展，增加“三少民族”地区收入，促进民族团结，对维护边疆和谐稳定意义重大。

通过规划实施，调优调顺调好产业结构，做深做精做强大豆、杂豆、小麦、玉米等传统优势产业，培育畜禽、蔬菜、休闲旅游等新兴产业，以大兴安岭农垦为中心，辐射带动“三少民族”地区推进农业供给侧结构性改革，建设产业化、专业化、规模化和市场化的区域性产业集聚群，形成以点带面、产业联结、集群发展的空间格局，辐射带动周边地区现代农业持续、稳定、快速发展。推进大兴安岭农垦与周边地区合作，通过农牧业产业园区（基地）建设，共享先进适用的信息、技术、产品和服务、共同打造特色旅游景点，合作开发旅游线路，避免无序竞争，实现合作共赢，带动增加“三少民族”农牧民收入，打赢扶贫攻坚战。

第二章 SWOT 分析

大兴安岭农垦始建于 1960 年，是一个以农牧业为基础，集工、商、贸、旅游等多元产业发展的大型现代国有企业集团，隶属呼伦贝尔农垦集团。垦区位于内蒙古呼伦贝尔市东部，分布在鄂伦春和莫力达瓦达斡尔族两个少数民族自治旗境内，总面积 1.27 万平方千米，自然生态环境良好，远离工业污染，是农业部五家直供垦区之一。垦区总人口 6.4 万人，其中在职职工 7893 人，被评为全国首批农业现代化建设示范场、全国百家无公害农产品示范基地、农业部农产品质量追溯系统建设单位。

一、垦区基本情况

（一）自然资源条件

1. 地理区位

垦区位于大兴安岭山脉东南麓向松嫩平原过渡的沉降地带，东经 123° ～ 125° ，北纬 49° ～ 50° ，南北长约 167 千米，东西宽约 128 千米，北与加格达奇接壤，南与莫力达瓦达斡尔族自治旗毗邻，东与黑龙江省嫩江县隔江相望，西依大兴安岭山脉。区内交通便捷，连通鄂莫两旗、对接东北三省，铁路、公路、航空四通八达，各类交通工具齐备。齐加铁路贯穿垦区，国道 111 线从南到北穿过，距加格达奇机场仅 1.5 小时车程，建有 11 个铁路停车站靠近农场。

垦区总部位于大杨树镇，该镇为东北第一镇，是我国东北地区南北运输大动脉上的一个重要商品集散地和物流中心及周边区域旅游中转站。

2. 地形地貌

垦区地处大兴安岭山地东南坡缓坡岗区，地质构造上属古代—中生代复式背斜构造，褶皱轴向为北东向新华夏式构造，属大兴安岭新华夏隆起带的一部分，呈高原缓坡地势。整个地势由西北向东南逐渐倾斜，地貌可分为浅山丘陵区、漫岗区、河谷区。海拔一般在 300 ～ 450 米，古里农场大黑山为最高点，海拔 744 米，甘河农场博尔气大沟为最低点，海拔 220 米。

3. 气候类型

垦区属寒温带大陆性季风气候，夏季温凉湿润多雨，冬季干燥严寒漫长，昼夜温差大，日照长，强度大，无霜期短。年平均日照时数为 2 609.9 小时，年平均

气温 -0.5℃，年极端最低气温 -46℃，年极端最高气温 36.7℃，全年≥ 10℃积温平均为 1 952.6℃，无霜期为 95 ～ 120 天。春季气候变化显著，夏季风代替冬季风，气旋活动频繁，天气多变，光照充足，温度回升大风天增多，降水少且变率大，蒸发强烈，太阳总辐射量达 1 153 ～ 1 274 兆焦 / 平方米，日照时数为 440 ～ 520 小时，季平均温度为 6.9 ～ 7.7℃，5 月太阳辐射量和日照时数是垦区全年最大值。年平均降水量为 457.2 毫米左右，年降水分布主要集中在 7—9 月 3 个月，占全年降水量的 70% 左右。由于受季风气候的影响，四季中春季降水少且变率大，光照充足，蒸发量约 400 毫米，是当季降水量的 7 倍左右。

3. 水资源

垦区位于嫩江西岸，区域内水面面积 19.2 万亩（15 亩 =1 公顷，下同），拥有河流约 3 000 条，湖泊 500 个，其中河长 20 千米以上，流域面积 100 平方千米以上河流有 123 条，流域面积超过 5 000 平方千米的较大河流有 7 条，其中嫩江流经垦区的径流量为年平均 53.6 亿立方米。各河流均为嫩江西岸支流，上自那都里河，下至诺敏河区间，水质清澈，水源充足。

4. 土地资源

垦区面积广阔，土壤肥沃，具有结构良好、自然肥力高、保肥力强等理化特点。土壤类型多样，共有 8 个土类，14 个亚类，27 个土属，62 个土种。其中黑土为本区广泛分布的地带性土壤，黑土层厚 30 ～ 60 厘米，有机质含量在 5% ～ 9%，高于全国平均水平 3 倍以上，是世界著名的三大黑土带之一。区内土壤分布受地形影响，其分布具有一定垂直规律，自丘陵顶部向下，依次为暗棕壤—黑土—草甸土—沼泽土。暗棕壤土位于本区丘陵顶部，黑土分布于漫岗或丘陵下部的山脚洪积扇和洪积裙地段上，草甸土围绕在河谷水线的泡、沟周围，沼泽土则处于常年积水地段和生长“塔头”的地段。垦区土壤母质大部分为火成岩、变质岩，水成岩在部分地区也有出现。

5. 生物资源

垦区坐落于大兴安岭，拥有得天独厚的地形地貌，物种丰富多样，野生动植物较多。地下蕴藏多种矿藏，有黄金、褐煤、萤石、铅、锌等。地上孕育约 1600 种植物，盛产木耳、蘑菇、猴头菇、都柿等山产品，同时生长着黄芪、党参、柴胡、刺五加、贝母、水飞蓟等百余种名贵中草药，品种多且品质高。林间生存约 500 种动物，其中黑熊、驼鹿、水獭、紫貂、榛鸡 (飞龙) 等极为名贵。水中遍布多种珍贵鱼类，主要有鲫鱼、鲶鱼、鲤鱼、哲罗、细鳞、柳根等。

（二）经济社会条件

1. 经济发展总体向好

垦区经济总体上运行良好，近几年经济基础保持较好，资产自有率较高，坏账较少，经济基础扎实。“十二五”期间，年均生产总值 13.3 亿元，年均增长率为 14.4%；年均各业总收入 34.4 亿元，年均增长率为 14.7%；利润总额达 2.6 亿元，固定资产投资共 21.3 亿元，职工人均生产总值在 4 万元以上（图 2–1）。2016 年垦区发生严重旱灾，经济受到一定程度的影响，当年生产总值为 6.5 亿元，资产总额 25 亿元，总收入为 20.8 亿元，新增固定资产投资 4.9 亿元。其中，非国有固定资产投资为 1.9 亿元，占当年新增固定资产投资 38.8%。

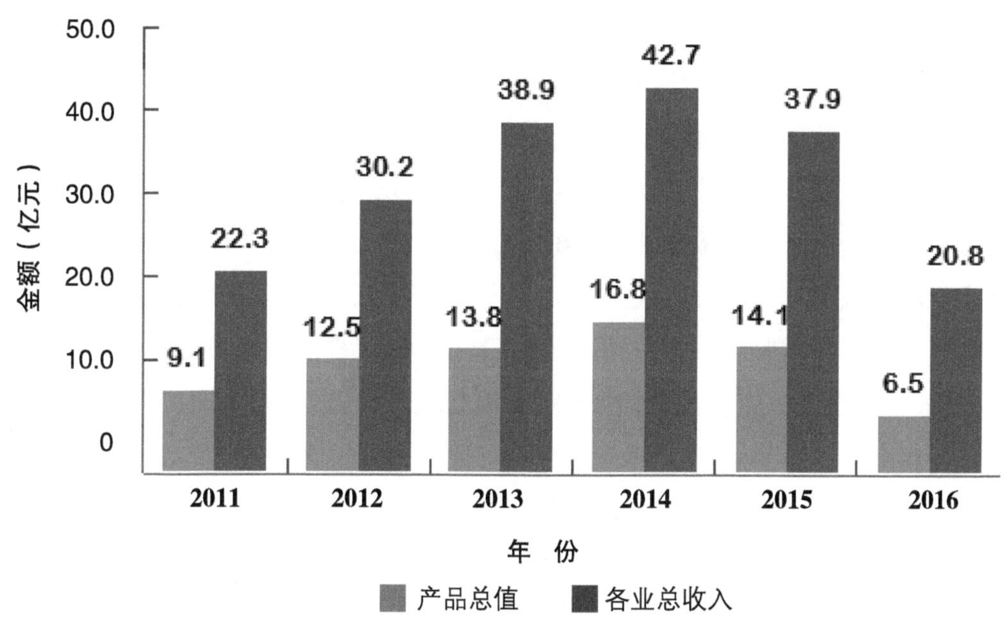

图 2–1 2011—2016 年生产总值与总收入

2. 产业结构逐步优化

近几年，垦区主动适应经济发展新常态，加大产业结构调整力度，经济结构进一步优化，三产结构逐渐趋于合理。按一二三产产值占总收入比重来看，产结构由 2011 年 52：13.5：34.5 调整到 47.7：18.5：33.8。按照一二三产增加值占地区生产总值比重来看，产业结构由 2011 年 65：12：23 调整为 2016 年 48：18：34（图 2–1）。

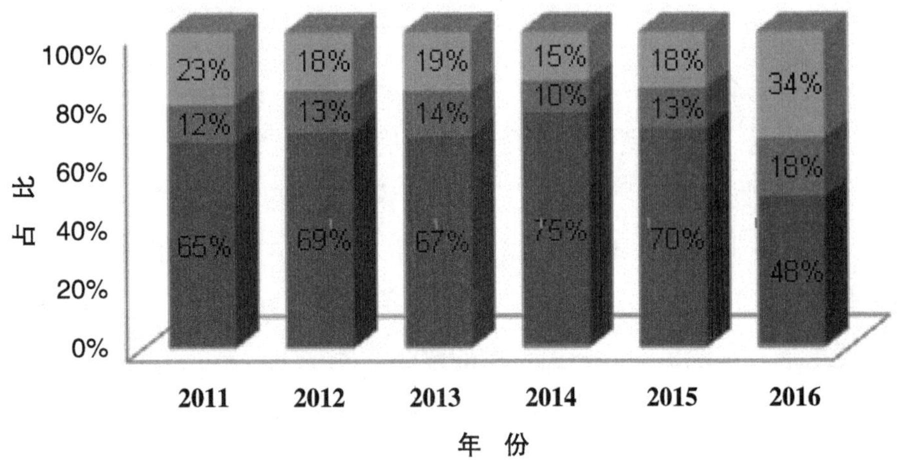

图 2-2　2011—2016 年一二三产业增加值占总产值比例比重

3. 垦区改革不断深化

大兴安岭农垦贯彻中央关于农垦改革的精神，按照垦区集团化、农场企业化的要求，逐渐分离国有农场办社会职能，理顺政府、农场、职工三者关系，完善企业职能。截至 2016 年，垦区教育系统及公安政法机构已初步完成分离目标，垦区仅需负责退休教师 50% 津补贴和公安干警公用经费。以市场为导向，建立垦区公司化运行机制，实行薪酬激励制度，提高职工积极性。完善各项制度，制定完成《2016 年重点工作考核方案》《增收、创收奖励分配办法》。强化责任落实，实施工作任务"四项清单"，确定各个部门的工作任务、完成时限、责任单位和责任人，确保各项工作有效实施。

4. 垦区建设成效显著

围绕垦区社区建设、环境卫生、基础设施等内容加大投入力度，取得显著成效。2016年，垦区社会性支出约2.3亿元，其中常规社会性支出0.66亿元，是2015年的1.4倍。实施危房改造及配套基础设施建设项目 32 个，完成危房改造任务共 4 430 户。实施饮水安全工程，解决垦区居民 3 000 多人的饮水安全问题。开展垦区美化绿化，完成绿化植树 34.8 万株，建成职工广场及文化活动室，改善中心医院就医环境，大大提高了职工生活质量。

（三）农业可持续发展

近年来，大兴安岭农垦适应农牧业发展新常态，立足资源优势和垦区特色，创新发展理念，转变发展方式，坚持走生态、绿色、循环发展之路，大力推进农牧业结构调整和转型升级，积极开展黑土地保护治理、化肥农药减施和农业废弃物资源化利用，探索种养循环、农牧结合的生态循环农业模式，农业可持续发展取得了较为显著的成效。

1. 发展基础

积极优化调整种植结构。按照“稳粮、优经、扩饲”的思路，稳定大豆、小麦播种面积，减少玉米面积，增加经济作物和饲料作物种植比重，大力发展矮高粱、杂粮杂豆、中草药及优质饲草。2016 年，种植矮高粱 1.4 万亩、芸豆 2.1 万亩、白瓜 5 086 亩、紫苏 1 359 亩、南瓜 1 771 亩、汉麻 3 003 亩。种植燕麦、甜燕麦、甜高粱、青储玉米等优质饲草 2 700 亩。与 2015 年相比，玉米面积减少 50%，大豆（非转基因）面积增加 30%，经济作物面积增加 20%，实现了垦区粮食“保存量、扩增量”这一基本原则，增加了垦区农业收益。

大力发展生态循环农业。积极开展种养循环、农牧结合、农林结合，形成了具有垦区特色的生态循环农业模式。2016 年，依托生态循环农业发展的良好基础，垦区成为国家区域生态循环农业示范项目试点区域，探索形成 1 个种养大循环和 2 个废弃物资源化利用小循环。种养大循环是：“种植—提供饲料—养殖—粪便还田—种植”，即在巴彦农场种羊园开展种养循环，种植优质牧草、燕麦草、青贮玉米，为畜禽提供优质饲料，利用畜禽粪便制作肥料，还田培肥地力，发展高效设施有机农业。废弃物资源化利用小循环分别是秸秆发酵还田小循环：“种植—秸秆—发酵—还田—种植”。养殖粪污资源化利用小循环：“养殖粪污—有机肥—还田—种植—饲料—养殖”。

重视耕地保护与质量提升。经过 50 多年的开垦，垦区黑土地理化性质发生较大变化，土壤质量日趋退化，土壤板结现象加重，适耕土层逐渐变薄，出现“水打沟”。为此，垦区加强黑土地保护与质量改良提升，采取生物措施与工程措施相结合的办法进行水土保持与土壤修复。通过施用有机肥、秸秆还田、免耕播种、深松整地等措施，保护地力。2016 年开始实施土壤修复项目，使用有机生物肥增加土壤有机质含量，提高土壤蓄保水能力，项目区域耕地有机质含量达到 5%～9%，高于全国平均水平 3 倍以上，土地增产率达 20%。

全面推进化肥农药减量施用。垦区在国家主体功能区中属于生态功能区，生态环境优美，空气质量优异，没有任何污染。垦区着眼于打造“大生态、大健康”产业，采取多种措施减少农药用量，提高肥药利用效率。通过“两降一加”技术（即降低农药用量、降低水用量、加入助剂），使用国际先进进口喷嘴、过滤器来减少农药用量。到 2016 年，垦区更换农药喷嘴 4.5 万套，覆盖作物面积 80 万亩，仅大豆除草用药减少氟磺胺草醚使用量 60 吨。2017 年所有喷药机全部更换为进口喷嘴。实施有机肥替代化肥计划，通过完善测土配方施肥体系、增加有机肥投入、利用微肥及生物菌肥、协调大量元素与微量元素关系等措施减少化肥使用。

积极探索农业废弃物资源化利用模式。垦区农业废弃物数量众多，年产秸秆量约 30 万吨，年产粪便量 129 吨以上。为了加快废弃物资源化利用，垦区积极开展探索试验，甘河农场正在实施秸秆回收发酵，巴彦农场已完成羊粪有氧发酵试验，结果显示有机肥养分含量除磷外，其他养分含量大幅提高。“十三五”期间，垦区计划建造有氧生物发酵池 40 处，每个农场 5 处，运用酵素菌技术，充分利用农业废弃物有效解决化肥公害、农药污染、环境污染等农业生产问题。

2. 存在问题

水利设施薄弱。截至 2016 年，垦区共实施节水灌溉项目 15.78 万亩，仅占总耕地面积 17.5%，其中 7.24 万亩为 2009 年前所建水利设施，因建设较早、管理不善、维护不足等因素已不能正常运转使用。水利设施落后严重制约了垦区水资源高效利用和可持续发展。

坡耕地“水打沟”亟待治理。近年来，由于开垦过度致使植被遭到严重破坏、水土流失严重，疏松的土质遇急流造成“水打沟”现象，其中发展较快的“发展沟”占 70%，发展较慢的“稳定沟”占 30%。现垦区内 78% 耕地已遭受不同程度冲刷，道路、农田甚至房屋等都遭到冲毁，一些大型水打沟难以彻底根治，造成垦区耕地大面积损毁。

黑土地质量提升任务艰巨。垦区开垦已过半个世纪，各资源挖掘力度大，消耗程度深，遭到一定程度的破坏。黑土壤耕种频繁，维护不到位，致使有机质下降，理化性状变差。虽然近几年一直在开展耕地保护与质量提升，并产生了明显效果，在一定程度上提升黑土壤有机质含量，但将黑土壤恢复到最佳状态仍需较长时间。

二、垦区发展 SWOT 分析

垦区集团具有利于自身发展的内外部优势条件，现面临千载难逢的历史机遇，又面对诸多的风险挑战。利用SWOT分析厘清垦区所面临形势，合理定位发展方向，壮大集团经济实力。

（一）优势（Strengths）

1. 水土资源优越

垦区内部水网纵横，水源充沛，土壤肥沃。90% 耕地为黑土，是世界著名的三大黑土带之一。黑土层厚 30 ～ 60 厘米，土壤的有机质含量为 5% ～ 9%，高于全国平均水平 3 倍以上。土地储备丰厚，有利于区域开发建设，在整个呼伦贝尔市乃至内蒙古自治区用地成本相对较低。

2. 生态环境优良

垦区位于大兴安岭山脉东南麓，嫩江中游西岸，林木茂盛、空气清新、环境优美、生态容量较大，是国家重点生态功能区。自然环境整体保持良好，气候冷凉，病虫害较轻，森林覆盖率达 45% 以上，平均每立方厘米空气中含 3 万个负氧离子，适宜多种珍稀动植物生长。原生态，零污染，土质、水源、气候优势得天独厚，具有发展生态农业、休闲观光、特色旅游潜在优势。

3. 特色产品众多

垦区地理条件特殊，黑土层厚，林间草地连片，物种丰富，特色产品众多且质优。林间生长有木耳、猴头菇、榛蘑、榛子等特色林产品，有黄芪、党参、贝母、水飞蓟等百余种名贵中草药。野生蓝莓花青素含量较高，蜂蜜富含有机酸、蛋白质、维生素等多种营养成分，大豆油脂较高，芸豆可提取健康营养元素，黑小麦膳食纤维含量是普通小麦 4 ～ 5 倍。

4. 经营体制完善

垦区建立了统一种植规划、统一机械耕作的经营体制，这种经营体制克服了当前我国农业发展中普遍存在的小规模、分散经营的弊端，利于循环农业措施实施。统一生产规划便于根据循环农业发展需要科学布局种植品种和结构，合理安排休耕和轮作；统一机械耕作有利于秸秆还田、增施有机肥、统防统治、水肥一体化等农艺措施的实施，为推进农业可持续发展提供了便利。

5. 观光旅游资源丰富

垦区位于我国三少民族聚居地，自然风景壮丽，文化底蕴深厚，生态环境保护完好，生物资源丰富。森林覆盖率在45%以上，平均每立方厘米空气含3万个负氧离子。农垦“工匠精神”薪火相传，集民族文化、知青文化、军垦文化为一体，具备生态、文化和休闲三大特色，具有发展观光旅游得天独厚的自然条件和资源基础。

6. 可持续发展具备一定基础

垦区力争国家农业可持续发展试验示范区，积极探索种养循环农业模式，不断试验秸秆等农业废弃物资源化利用方法，有计划、有目标、有标准地降低化肥、农药施入量，逐步改良土壤、提升农产品品质。在巴彦种羊场开展的种养结合循环项目，试验结果良好，成功探索秸秆等农业废弃物有效利用方法。积极开展土壤改良，有机质含量明显提高。

7. 领导重视，保障有力

垦区内部高度重视农业可持续发展，专门成立由刘仁刚董事长为组长、主管生产的副总经理为副组长、相关业务处室负责人为成员的农业可持续发展试验示范区建设领导小组，小组下设办公室，负责制订工作方案、组织项目申报、编制规划、技术集成示范等具体工作。在制度、管理、考核、激励等方面不断改进创新，实行“四个清单”责任制，将项目效益与职工薪酬挂钩，激励集团职工，激发内生动力。定期或不定期召开会议，集中解决和重点协调农业可持续发展建设过程中涉及的项目策划、招商引资、项目实行等重大事项和问题。

（二）劣势（Weaknesses）

1. 种养结构仍需调整优化

垦区种养结构不合理，种植结构单一，养殖比重较低，种植业与养殖业难以协调发展，达到互利共赢状态。种植主要以粮食作物为主，经济作物较少，品种更新换代滞后。蔬菜、花卉等大棚作物处于起步期，规模较小，产量不稳定，“粮经饲”三元种植结构探索不足。养殖业主要以牛、羊为主，规模较小，品种较少，技术要求高，成本较高，效益较低，发展较难。截至目前，仅巴彦农场、欧肯河农场引进优质种羊、优质肉牛，余下六大农场皆以散户养殖为主，养殖数量在500头/只以上的养殖大户屈指可数。

2. 基础设施有待强化

垦区农田水利建设滞后，仅部分地区基础设施齐备，拥有一定的抗灾能力，多数地区未配备必须基础设施。防洪减灾体系不完善，中小河流治理缓慢，对山洪地质灾害防御能力不强，易涝农田排涝能力偏低。垦区设施农业设施不全，大棚建设缓慢，多为冷棚，难以抵御垦区自然气候变化，设施农业效益较低。水土流失治理难度大，所需资金较多，治理进度缓慢，难以根治。管网设计不全，管网为合流制，将生活污水与农业废水同一管渠收集与排放，不利于垦区水土污染治理。水利设施薄弱仍是垦区基础设施的明显短板，应加大“两降一加”等关键技术推广应用，加大农业综合开发和基础设施建设力度，增强农业抵御自然灾害能力。

3. 市场营销有待提升

种植业作为大兴安岭垦区主导产业，长期处于国家农业政策保护区，对农产品市场接触较少，市场营销手段不够新颖，信息不对称，缺乏市场竞争力，农产品品质优却难以推广。农作物种植已达到一定规模，但品牌意识不足，宣传力度不够，电商平台见效甚微，未打出“大兴安岭农垦”牌优质农产品，无法发挥品牌效应，难以向社会推广垦区优质、生态、无污染等特色农产品。销售渠道不畅通，受国家粮食收储政策调整及国外农产品进口双重冲击，玉米、大豆等农产品价格持续走低，甚至出现无粮商收购情况，在市场上处于劣势，致使企业发展艰难，种植户受损严重。

4. 三产融合有待深化

目前，垦区一、二、三产业脱节现象比较严重，农业资源利用效率低，集团、居民增收致富压力大。从产业联结看，种子、农药、化肥等产前物资供应已联结成功，但农产品加工、销售等产后联结困难，难以组建农业产销供一条龙，产业链不完整。从产业发展看，观光农业处于发展初期，特色不足，缺乏客源，收益较低。2016 年，据不完全统计全年共接待游客 14 523 人次。龙头企业少，农产品加工业发展不足，主要以初级产品为主，无品牌，不能达到市场要求。总体看，垦区三产内部融合不够，外部联结不足，产业发展动力不强。

5. 龙头企业实力有待增强

大兴安岭垦区作为一个大型国有企业，整体实力较强，但下属龙头企业较少，产业结构单一，对外影响力不足，没有真正发挥龙头企业辐射带动作用。各企业主要以种养殖为主要产业，工商贸发展相对迟缓，龙头企业仅 4 家，基本不涉及精深农牧产品加工，远远低于国内外平均水平。企业人才队伍严重匮乏，在农牧业、工商业、经贸流通等行业缺少专业人才和技术型人才，干部整体素质不高，创业激情不够，市场开发能力不足，推动企业发展意识不强，龙头企业人才支撑力不足以适应市场机制，导致企业发展速度缓慢。

6. 体制机制障碍有待破除

垦区规范化、制度化管理体系不完善，职工改革观念薄弱，经营管理体制难以突破，存在较多体制机制关键性障碍，难以承受市场经济冲击。企业办社会职能剥离不彻底，仍承担着社会行政、社会事业、社会服务性 3 个方面职能，产生投资缺口大、社保负担重等较大问题。职工改革意识不强，文化素质不高，存在集团内部矛盾，内部激励机制不完善。垦区会计管理制度更新缓慢，清产核资工作对垦区当年利益产生较大影响，2016 年补提以前年度资产减值准备金约 1.4 亿元，直接导致垦区当年利润大幅度降低。

（三）机遇（Opportunities）

1. 新一轮东北振兴战略实施带来发展机遇

近两年，东北地区经济下行压力增长，体制机制深层次问题进一步显现，经济增长新动力不足和旧动力减弱的结构性矛盾突出。党中央、国务院高度重视东北振兴工作，明确了新时期推进东北振兴面临形势、战略定位、总体要求等。在国家大力支持下，蒙东地区与黑龙江、辽宁、吉林三省携手加强区域协作，为东北老工业基地振兴发展提供了重要支撑。新一轮东北振兴战略为垦区发展不断释放改革政策红利，有利于促进垦区协调发展，打造新经济支撑带，推进经济结构战略性调整，为垦区体制机制改革、产业结构调整、创新创业、民生改善等各方面给予强有力的保障。

2. “一带一路”战略实施带来发展机遇

“一带一路”战略实施是东北老工业基地振兴新起点，将推进蒙东地区与京津冀经济区融合发展，主动承接北京非首都功能转移，为垦区经济发展带来新机遇。在“一带一路”战略部署下，垦区实施农业“走出去”战略将更加顺畅，产品市场将进一步对外开放，为垦区改革开放深入实施开拓更大空间，为垦区经济转型、产业转型创造良好环境。区域经济一体化形成，将有效地推动公路、铁路、机场等“硬件”基础设施建设，及信息、网络等“软件”的互联互通，为实现垦区联动发展注入新活力，助推垦区成为中国农业“走出去”的排头兵。

3. 国家推进农垦改革带来发展机遇

国家对农垦事业高度重视，对新时期农垦改革发展进行了全面部署，为垦区改革创造一个较好的外部环境。2015 年 12 月中共中央、国务院印发《中共中央国务院关于进一步推进农垦改革发展的意见》，强调到 2020 年垦区要建立健全适应市场经济要求、充满活力、富有效率的管理体制和经营机制，建成一批稳定可靠的大型粮食、肉类、种子、油料等重要农产品生产加工基地，基础设施和公共服务进一步健全，农场社区服务功能不断完善。借助于国家优惠政策，有利于推进垦区现代农业的产业体系、生产体系、经营体系转型升级，将垦区打造为现代农业的大基地、大企业、大产业。

4. 呼伦贝尔打造农垦产业化航母带来发展机遇

呼伦贝尔市致力于打造农牧业产业化航母，把现代农业建设作为企业增效、职工增收重要举措来抓，至今呼伦贝尔农垦集团已实现产业化发展，各领域务实合作不断深化。为落实具体措施，强调改革以推进垦区集团化、农场企业化为主线，依靠创新驱动，加快转变发展方式，做好土地整合，充分发挥毗邻俄蒙地理优势，推进资源资产整合、产业优化升级。“十三五”期间，呼伦贝尔农垦集团重点推进农业经营管理现代化、农业信息化、农业资源利用可持续化等。垦区作为呼伦贝尔农垦集团组建机构之一，依托呼伦贝尔市产业化发展现代农业，加快“走出去”战略，加强对外合作，打造全国性知名品牌，增强市场竞争力。

（四）威胁（Threats）

1. 农产品国际贸易带来的竞争压力日益增大

国际宏观经济形势复杂多变，农业发展新情况与新问题不断涌现。我国加入世界贸易组织（WTO）的保护期已结束，农产品出口补贴取消，国内外农产品价格倒挂加剧，国内市场价已全面高于国外农产品进口价，区域竞争更加激烈。农产品市场放开，国际贸易日渐增多，价格驱动性进口会不断增加，受国内外农产品市场双重冲击，垦区农业遭受巨大的竞争压力。垦区劳动力价格上升，土地成本不断提高，农产品技术含量低，附加值不高，农产品质优但价不优，农业比较效益低，垦区农产品难以在国际市场立足，发展难度增大。

2. 国家农产品收储政策调整对农产品销售带来挑战

垦区作为大型国有企业，多年来依赖政策支撑，生产的农产品主要靠政府收购，市场开拓能力弱。随着国家粮食收储政策调整，不再敞开收购粮油等农产品，所有的农产品必须通过市场销售，再加上生产结构调整未及时与市场对接，农产品处于初加工状态，产品知名度、附加值、影响力较低，没有产品话语权、定价权，使得农产品出现卖难，发展面临较大挑战。

3. 土地确权面临困难较大

根据中央统一部署，要求垦区 2018 年年底土地确权工作基本完成。垦区土地确权工作虽取得一定成效，但进度相对滞后，确权过程存在较大难度。垦区土地广阔，分别位于莫力达瓦达斡尔族自治旗及鄂伦春自治旗境内，草地、林地等与大杨树林业局、毕拉河林业局存在重叠状况，土地界限模糊且难以确定所属管理部门，与国有林业局难以达成协议，至今尚未完成确权。截至 2016 年，已确权土地面积 72.6 万亩，仅占土地总面积的 4%，争议土地面积 1 690.84 万亩，纠纷土地面积 19.5 万亩，草地、人工林等其他土地未确权。

4. 自然灾害频发

近年来，全球气候异常变化，自然灾害频发。农业是自然再生产与经济再生产相结合的过程，极易受灾害影响。影响农业生产的主要自然灾害按受灾面积排依次为：干旱、涝灾、风雹、冻害，可见干旱和洪涝灾害是影响垦区农业生产主要自然灾害。2016 年，呼伦贝尔发生几十年一遇的旱灾，对垦区农业生产造成严重影响，农产品大幅度减产，职工收入下降。

大兴安岭农垦 SWOT 分析见图 2–3。

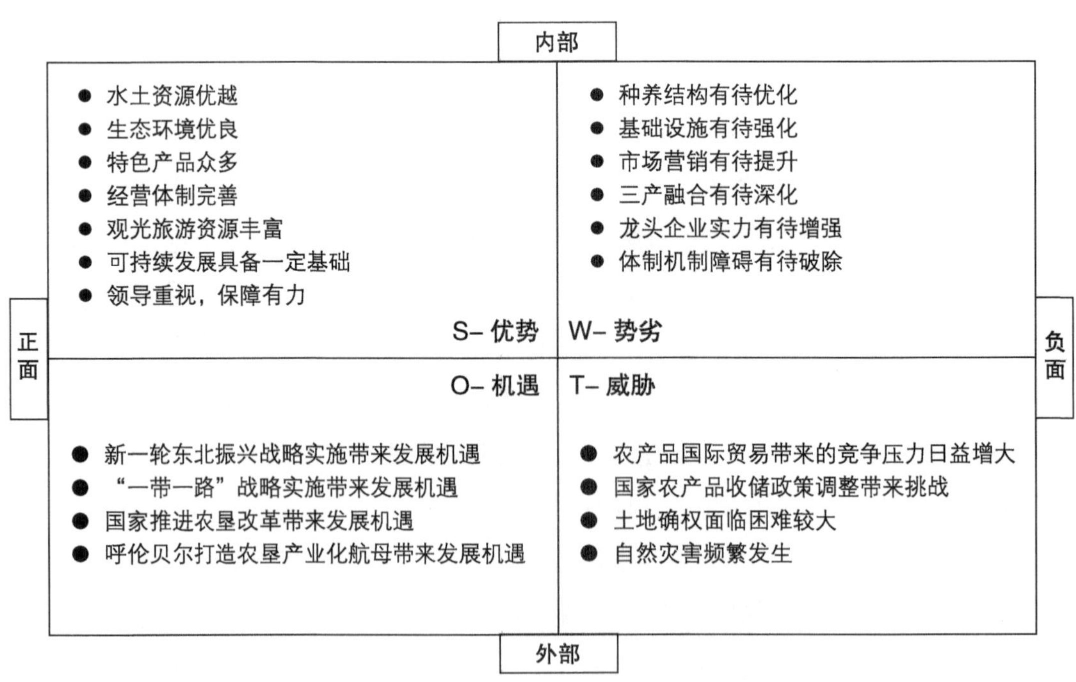

图 2–3 大兴安岭农垦 SWOT 分析

第三章

发展思路与目标任务

一、指导思想

深入贯彻习近平总书记系列重要讲话精神，全面落实党的十八大和十八届三中、四中、五中、六中全会精神，遵循“创新、协调、绿色、开放、共享”的发展理念，牢固树立生态文明观，按照中共中央推进进一步推进农垦改革发展的战略部署，抢抓国家农业可持续发展试验示范区建设的历史机遇，以产能为本、保育优先、创新驱动、依法治理、惠及民生、保障安全的指导方针，以农业产业可持续、资源环境可持续、农垦社会可持续发展为目标，以“4565”工程为核心，调好调顺调优产业结构，招大引强培育新兴业态，创新创优创效产品，延长产业链、优化供应链、提升价值链、拓宽增收链，从拼资源消耗转向绿色发展、从拼产量求生存转向谋特色促发展，培养一批高素质人才、发展一批具有核心竞争力的新型经营主体、形成一批拥有自主知识产权的产品、打造一批具有国际影响力的品牌、建设一批特色鲜明的主题农场，推进“互联网 +”“文化 +”“旅游 +”行动计划，推动产业融合发展、农垦社会和谐发展、资源环境健康发展，实现垦区全面可持续发展。

二、基本原则

（一）坚持生态循环、绿色发展

坚持绿色、生态、循环的发展理念，把保护资源、环境和生态作为经济社会发展不可突破的底线，以资源利用节约化、生产过程清洁化、废弃物利用资源化为主线，推动农业结构优化升级；加大对黑土地保护与治理，加快推进农业废弃物资源化利用、化肥减量提效、农药减量控害，为生态“留白”、给自然“种绿”，努力建设天蓝、地绿、水净、生态美的大兴安岭，实现垦区绿色可持续发展。

（二）坚持产业联动、融合发展

充分认识到农业可持续发展的综合性和系统性，统筹考虑垦区各农场的资源禀赋和生态环境差异，按照“做强一产、做优二产、做活三产”的思路，纵向上着力延伸产业链，促进大兴安岭农垦农业生产、加工、销售、服务一体化发展。横向上着力打造产业群和产业园，推动农垦多领域的产业集群发展和产业间功能互补，构建农业与二三产业交叉融合的现代产业体系，实现规模化、标准化、品牌化“三化联动”，提升农产品产能、品质、效益，实现垦区农业上中下游产业联动、一二三产融合发展。

（三）坚持深化改革、创新发展

大力推进农垦体制机制改革与创新，释放改革新红利，着力增强创新驱动发展新动力，促进农业发展方式转变，推进垦区创新发展。创新金融运行机制，创新金融信贷服务，创新农业保险服务，争取直接设立农垦国有资本投资、运营公司，推动企业股份制改制上市，优化国有资本布局结构，放大国有资本功能，遵循盘活资源、激发增长活力。

（四）坚持重点突破、有序发展

充分考虑当前大兴安岭农垦人力、物力、财力等约束条件，按照重点突破、梯次推进的策略，科学制定发展路径与分步实施方案，重点推进体制机制改革，激发创新发展活力，重点推动产业升级，提升竞争能力，重点加强资源生态环境保护，保障绿色发展，量力而行，争取在优势环节上有创新、在难点上有突破，有序推动农垦各项事业的发展。

（五）坚持文化传承、和谐发展

农业是农垦文化的根基所在，也是农垦文化得以传承的重要载体。在加强文化建设的大背景下对农业文化传承功能进行深入的开发尤为重要，坚持农业文化传承也是顺应文化强国建设的迫切需要。大兴安岭农垦在推进农业可持续发展过程中，要以传承农垦文化、全面提高生活质量、创造优良人居环境、促进融合发展为方向，打造发展充满活力、环境美丽宜居、文化富有特色、社会和谐文明的现代化环境。

三、发展定位

通过规划实施，将大兴安岭农垦建设成为国家农垦改革创新的样板区、“三创型”国家农业可持续发展试验示范区、内蒙古一二三产融合示范区、呼伦贝尔产业化航母，示范引领北方地区农业可持续发展。

（一）国家农垦改革创新的样板区

坚持市场改革方向，推进集团公司制股份制、母子公司制改革，提高市场竞争力，建立健全公司法人治理结构，提高运行效率，实行部制经营管理体制，建立兼顾公平和效率的薪酬激励机制，激发员工活力，建立产权清晰、权责明确、政企分开、管理科学的现代企业经营管理制度，推进土地产权制度改革与创新，推动建立资本运作平台，创新金融支持机制，集中优势力量调好调顺调优产业结构、招大引强培育新型业态、创新创优创效产品，勇啃改革硬骨头，将大兴安岭农垦打造成为国家农垦改革创新的样板区。

（二）“三创型”国家农业可持续发展试验示范区

树立尊重自然、顺应自然、保护自然的生态文明理念，技术集成创新，加强垦区黑土地保护与治理，改善土壤养分构成，培肥地力，推行粮豆轮作、粮草（饲）轮作和种养循环模式，构建种养结合农业产业链，构建农业生产废弃物全部资源化利用和生态消纳的发展路径，实现生态可持续发展；创新垦区社会建设，建设田园综合体，建设宜居宜业美丽社区，实现社会可持续发展；多业态组合创新，推动有机、循环农业发展，推动休闲观光与旅游产业、文化创意产业的发展，实现产业融合、农业可持续发展与升级，将大兴安岭农垦打造成为“三创型”国家农业可持续发展试验示范区。

（三）内蒙古一二三产融合示范区

按照国家和自治区推进农村牧区一二三产融合的战略部署，依托农垦文化、优美生态和绿色农业资源，大力拓展农业产业链和价值链，做强做优大豆等传统农业产业，培育壮大农产品加工物流、休闲观光、文化创意、农村电商等新产业新业态，建设一批主题农场、主题连队、体验基地，发展田园综合体，将大兴安岭农垦建设成为新的产业融合空间，打造成为内蒙古自治区一二三产融合的示范区。

（四）呼伦贝尔农业产业化航母

加快传统农业转型升级，大力实施战略招商，强强联合，积极引进大企业大财团推进产业化项目实施，引领安全、有机、营养、健康的农产品生产，做强大豆深加工项目、做精杂粮杂豆加工项目、做优特色种养项目、做实加工物流产业、做大休闲观光与创意产业，全面构筑垦区特色鲜明的现代农业全产业链体系，培育上市公司、国家农业产业化龙头企业，打通销售渠道、做好品牌，构建市场通畅、服务一流的电子商务平台，全面打造“产加销服一条龙、农工贸旅一体化”的国家级农业产业化集团。

四、发展目标

（一）2020 年目标

到 2020 年，大兴安岭农垦基本建立产业特色化、生产标准化、经营规模化、服务社会化、营销体系化的“五化”现代农业发展体系；基本实现资源环境持续改善、农业产业持续升级、垦区人民持续增收的“三生”可持续发展；基本形成产业、城镇、生态、文化相融合的局面，将大兴安岭农垦建设成为国家农垦改革创新的样板区、“三创型”国家农业可持续发展试验示范区、内蒙古一二三产融合示范区、呼伦贝尔农业产业化航母。

（二）2030 年目标

到 2030 年，全面建成“五化”现代农业发展体系，全面实现产业、生态与社会的可持续发展，产业、城镇、生态、文化实现深度融合，推动大兴安岭农垦率先实现现代化，引领自治区乃至国家农业发展。

——建成全国一流的非转基因大豆生产区和全国知名的绿色（有机）食品生产加工输出基地，打造中国大豆之都和健康食品产业航母，争创国家重要农产品（大豆）生产保护区和特色农产品（杂粮杂豆）优势区。

——建成国家重要的绿色有机畜产品生产输出基地、国家级生态草牧业示范区，打造一批设施完善、设备先进、源头可溯、质量可靠的现代化草食畜良种繁育基地。

——打造“全国优质蜂蜜基地”“中国蓝莓之乡”“汉麻原料基地”“大兴安岭野猪之乡”“籽用白瓜原料基地”“中药材生产加工基地”。

——建成齐齐哈尔以北地区最大的蔬菜、瓜果生产基地，打造成为国际大粮商和齐齐哈尔以北重要的物流服务基地。

——打造呼伦贝尔黑土地质量提升示范区，打造大兴安岭农垦及周边地区水打沟治理的示范样板，打造东北区秸秆综合利用示范区，打造成为全国农垦系统生态循环农业和可持续农业发展的样板。

——打造环境优美、设施完善、生活富裕、乡风文明的“产、城、人、文”融合的宜居宜业美丽田园小镇，把大兴安岭农垦建设成为集大美田园与休闲度假于一体的国家级休闲观光与旅游产业基地。

——打造中国 · 大兴安岭大豆高峰论坛、中国蜜蜂文化论坛、“一品生态 · 大兴安”农产品博览会、中国农垦嘉年华等品牌，建设农垦文化传媒发展基地、蜂文化产业园，提升大兴安岭农垦知名度，塑造“高端、生态、绿色、优质、包容”的品牌形象。

——建设成为全国农垦智慧农牧业示范区，实现农牧业生产智能化、经营网络化、管理透明化、消费可视化和服务便捷化，创建中国高寒地区循环农业技术创新中心，打造成我国高纬度寒地循环农业适用技术研发与和成果转化基地，打造国家级农产品质量安全示范区和种养结合绿色发展示范区。

——推进集团公司制股份制、母子公司制改革，建立健全公司法人治理结构，“去行政化”实行部制经营管理体制，建立兼顾公平和效率的薪酬激励机制。

——打造农垦国有资本市场化运作平台，推动农垦集团下属企业股份制改制上市，筹建农垦主要农产品的“粮食”银行。

农业可持续发展目标见表 3–1。

表 3–1　大兴安岭农垦农业可持续发展指标

一级指标	二级指标	单位	2016 年	2020 年	2030 年
农业产业可持续	粮食总产量	吨	199 821	480 000	560 000
	大豆总产量	吨	88 208	120 000	150 000
	肉类总产量	吨	3 805	4 566	5 479
	高标准农田面积比重	%	67	76	89
	农田有效灌溉面积比重	%	13	19.5	30
	农作物耕种收综合机械化率	%	99	99.5	99.9
	垦区生产总产值	万元	64 684	77 620	93 145
	休闲农业年营业收入	万元	150	1 125	4 725
	畜牧业产值占垦区生产总产值比重	%	15	22	35
	畜禽规模养殖比重	%	61	73	90
	“三品一标”农产品个数	个	8	12	18
	国家级农业产业化龙头企业个数	个	0	0	1

续表

一级指标	二级指标	单位	2016 年	2020 年	2030 年
资源环境可持续	耕地保有率	%	100	100	100
	土壤有机质含量	%	7.04	7.18	8.25
	农田灌溉水有效利用系数	/	35	53	85
	化肥施用强度（折纯量）	千克 / 亩	11	8.8	6.16
	农药施用强度（折百量）	千克 / 亩	0.1	0.08	0.05
	秸秆综合利用率	%	79.84	87.83	100
	农药包装废弃物回收率	%	60	100	100
	养殖废弃物综合利用率	%	85	100	100
垦区社会可持续	人均纯收入	万元	1.2	2.4	4.8
	休闲农业年接待旅游人次	万人次	41	98	392
	垦区职工二三产业从业人员占比	%	35	42	63
	生活垃圾处理率	%	73	91	100
	生活污水处理率	%	38	45	100
	垦区职工大专学历以上人员占比	%	9.3	14	44

五、重点任务

大兴安岭农垦农业可持续发展的重点任务是实施“4565”工程，即推进四大战略，实现五大突破，打造六大产业链条，建设五大园区。

（一）推进四大战略

1. 生态引领战略

贯彻落实国家“五位一体”战略部署，树立“绿水青山就是金山银山”的发展理念，提高保护生态环境就是保护生产力、改善生态环境就是发展生产力的认知，以节地、节水、节肥、节药、节种、节能、资源综合循环利用和生态环境建设保护为重点，切实推动休耕制度落实，切实推进垦区黑土地保护与治理，切实推广秸秆综合利用技术，切实减少化肥、农药施用量，注重水土保持，注重生态环境保护，大力发展资源节约型、环境友好型和生态保育型的“三型”农业，以生态优先的理念引领大兴安岭农垦可持续发展。

2. 结构优化战略

坚持市场导向，按照“调绿生产方式、调新产业体系、调优产品结构、调顺企业市场关系”的发展思路，做强大豆、做精杂粮、做优特色种养、做实加工物流、做大旅游产业，延长产业链、优化供应链、提升价值链，突出农垦特色、彰显集团魄力，深入推进垦区供给侧结构性改革，建立适应市场需求变化、适应资源与环境条件的现代产业体系、生产体系和经营体系，构筑生产高效、生态友好、农工贸一体化、产供销一条龙的新型垦区结构。

3. 品牌驱动战略

坚持“一场一业、一队一品”的思路，突出特色产业和优势产品，理顺产业发展优先序，做强大豆、杂粮杂豆、芸豆等优势产业，培育蜂产品、中草药等特色种养产业，加快下游精加工产品开发与生产，加强品质控制，推进无公害农产品、绿色食品、有机食品、农产品地理标志登记保护“三品一标”的认证，提炼品牌核心价值，组织专业团队，创新营销方式，塑造消费者喜爱的农产品名品牌形象，完善“培育品牌、发展品牌、宣传品牌、保护品牌”的工作机制，打造一批影响力大、竞争力强、市场占有率高的著名品牌，推动大兴安岭农垦生产向大兴安岭农垦品牌转变，实现靠特色产品领跑、靠科学技术助力、靠产业化经营提速、靠品牌创建增值，驱动大兴安岭农垦产业可持续发展。

4. 科技支撑战略

树立“科技兴则垦区兴，科技强则垦区强”的发展意识，以增产增效并重、良种良法配套、农机农艺结合、生产生态协调为基本要求，加快垦区体制机制改革激发科技创新活力，加快引进、消化、吸收先进适用技术的步伐，加快培育符合垦区创新发展要求的高技能人才、科技领军人才、战略科技人才，加快建立科技成果集成转化、技术推广、新型农民培育、农业社会化服务等农业科技支撑服务体系，加快推动垦区形成讲科学、爱科学、学科学、用科学的良好氛围，切实改造提升垦区传统产业，释放新潜能、培育新兴产业，走出一条科技含量高、经济效益好、资源消耗低、环境污染少、垦区资源优势得到充分发挥的新路子。

（二）实现五大突破

1. 突破体制机制障碍，推进农垦改革发展

体制机制改革是垦区创新发展的生命线。引入现代企业经营管理制度，推进垦区集团化、农场企业化、股权多元化、发展资本化、运行市场化的“五化”改革进程。理顺内部管理体制，实行市场化经营体制，建立联动机制、激励考核机制、分配机制，建立责权利相结合、对等一致、三位一体的运行机制。引入职业经理人，创新农场经营管理体制。探索农垦土地产权制度改革，加快农地流转，培育新型经营主体，发展适度规模经营，同时借助土地流转方式拓宽土地经营范围，全方位推动农垦改革与创新发展。

2. 突破市场营销瓶颈，拓展产品销售渠道

销售渠道是垦区产品走出去的“双脚”。增设营销部，建立完整的营销组织机构。制定营销策略，全权负责市场分析与渠道开发。明确各级部门的职责与重点工作内容，建立关键业绩考核标准。创新服务方式，打造线上、线下多种平台，打通经销、直销多种渠道。以工作目标为导向，完善薪酬管理体系，建立营销业绩与收入相挂钩等形式的激励机制，建立职业晋升机制。发挥好营销团队销售环节的“拓荒精神”，带动农垦人发挥出生产环节的“匠心精神”，保障农垦产品“产得出、卖得好”。

3. 突破传统发展理念，促进产业深度融合

发展理念是发展行动的先导。以农业为基本依托，创新发展理念，优化农业结构，促进种养结合、农林复合、农牧融合，构建农垦新型种养关系。发展农产品加工与物流业，发展休闲观光与旅游业，创新发展农业体验、会展等业态，拓展农业功能、延长产业链条、丰富产业业态，促进农业与加工、旅游、文化等产业融合，“接二连三”、协同发展。重视农民合作社、家庭农场等新型农业经营主体的发展，培养多元化产业融合主体，鼓励新型农业经营主体发展农产品加工、销售、旅游等产业，拓展经营领域。

4. 突破地域区域界限，加快“走出去”步伐

“走出去”方能行稳致远。走出垦区，鼓励农工流转周边农户土地发展适度经营，组建百万亩农机社会化服务队伍，选取合适加工项目，采取投资、收购等方式，组建市场、技术、管理成熟的现代加工企业，同时扩大对外投资，向市场要效益，壮大集团经济实力。走出国门，设立海外投资业务部，管理海外项目，

深入调研俄罗斯、蒙古国等国家的农业结构与发展条件，做好前期勘察，切实掌握区域贸易环境、市场准入政策等信息，明确投资风险，采用直接租种、代耕服务等方式制订投资合作方案。“两步走”推进“走出去”战略拓展农垦发展空间，提高国际竞争能力。

5. 突破人力资源短板，加快高素质人才队伍建设

人才是第一生产力。坚持“外引内培同频共振、优化组合变频提速”的建设方向，按照“育人留人有章法、选人用人有章程”的建设原则，在垦区率先启动引智工程，建设院士工作站、博士后流动站，大力引进符合垦区发展方向的高端科技创新人才和创新团队；实施人才培养计划，依托中国科学院、中国农业科学院、内蒙古农业大学等科研院校，产学研结合培养高层次科技人才；采用内部选拔、个人自荐、对外招聘等形式，大胆启用、不拘一格使用人才，完善培养、激励与保障机制，科学引入职业经理人机制，合理增加市场化选聘比例，加强和改进农垦集团经营管理人才与营销人才队伍建设；加大培训经费支持力度，加强农业技术推广人才队伍建设，实施农村实用人才带头人素质提升计划，依托“阳光工程”“雨露计划”和“劳动力转移”等培训项目，培养“有文化、懂技术、会经营”的新型职业农牧民，全方位、立体化构筑垦区人才建设高地，为经济和社会发展提供坚实可靠的人才和智力保障。

（三）打造六大优势产业

1. 大豆产业

按照“建基地、优品种、延链条、定标准、创品牌”的思路，发展非转基因食用大豆产业，重点实施大豆生产保护区建设、标准化食用大豆生产基地、大豆良种繁育基地、大豆绿色增产模式攻关项目、百万吨大豆深加工等项目，强化农田水利设施建设，加快优良大豆品种和高产栽培技术应用，建成大豆改良中心，组建非转基因食用大豆绿色增产技术研究中心，发展订单、产品分级分类，将大兴安岭农垦建成全国一流的非转基因大豆生产区和全国知名的绿色（有机）食品生产加工输出基地，打造中国大豆之都和健康食品产业航母。

2. 杂粮杂豆产业

以市场需求为导向，扩大芸豆、燕麦等养生保健功能作物的种植，制定杂粮杂豆“绿色、有机”标准化种植规程，建设杂粮杂豆标准化生产基地，示范推广新品种、新技术，重点发展绿色、有机杂粮杂豆产品。以产业化发展为主线，支

持龙头企业建设，开展精深加工，提高产品附加值，将垦区建成全国知名的优质杂粮杂豆生产基地和供应基地。

3. 休闲观光产业

以农垦文化为魂、美丽田园为韵、主题农场为基，突出生态、休闲、度假三大特色，做好自然景观开发、文化资源挖掘、旅游配套服务三篇文章，完善旅游公共服务设施，构建多样化产品体系，建设一批有影响力的品色小镇，培育一批个性突出的主题农场，新建一批文化底蕴深厚的创意作品，形成空间有序、产业发达、产品丰富的旅游系统，塑造“青山绿水生态黑土地，田园乡愁农垦大兴安”的产业品牌，打造“全域、全时、全景、全业”的全域旅游发展格局。

4. 肉牛肉羊产业

坚持种养结合、草畜配套、扩羊增牛，加快国内外优良品种引进与繁育推广，提升种群供种能力、提高单产和品质，重点发展安格斯肉牛、湖羊改良品种；以养定种，发展生态畜牧业，打造一批设施完善、设备先进、源头可溯、质量可靠的现代化草食畜禽繁育基地。加快养殖小区建设，探索推广“六统一管理”模式，推进规模化、集约化、标准化养殖；产业延伸、培育龙头，创新养殖技术与模式，强化绿色畜产品品牌建设，将大兴安岭农垦打造成现代生态畜牧产业航母、国家重要的绿色有机畜产品生产输出基地、国家级生态草牧业示范区。

5. 人工饲草料产业

立草为业，在垦区加快发展人工饲草种植，积极开展粮改饲和种养结合模式试点示范，推广农闲田种草和草田轮作，建设优质饲草料基地。与科研院所、高等院校联合开展关键技术的研发，建设饲草料产业技术创新产学研平台，集成创新优质牧草品种选育推广、丰产栽培、草产品加工与贮藏、农作物秸秆饲料化处理等关键技术的研发，构建现代人工饲草料产业体系。

6. 精品特色产业

发挥大兴安岭农垦特色资源优势，按照“一场一业”“一场一品”的发展思路，积极培育发展中药材、蜂产品、白瓜、汉麻、黑木耳、芳香植物、野猪等特色产业，扶持和培育一批特色产业加工龙头企业，加快推进规模化、集约化、标准化特色种养基地建设，加快特色产品生产加工技术研发，鼓励开展“三品一标”认证和质量追溯体系建设，实施品牌培育工程，推进特色农畜产品网络销售平台建设，把垦区特色小品种和土特产做成带动职工（农户）增收的大产业。

（四）建设五大园区

1. 生态循环农业示范园

发展方向：采用种养结合的循环农业发展方式，以垦区部分农场的耕地、养殖区为主要实施区域，实施农副资源综合开发工程、畜禽养殖废弃物资源化利用工程和标准化清洁化生产工程，形成一套成熟的可供示范推广的综合性生态循环农业发展模式，构建起资源节约、生产清洁、废弃物循环利用、产品安全优质的区域生态循环农业发展路径，实现农业生产废弃物全部资源化利用和生态消纳，“零排放”不产生任何污染，建成国家区域生态循环农业示范园。

建设重点：① 畜禽养殖废弃物资源化利用。以青贮玉米、牧草作物以及部分籽粒玉米和大豆秸秆作为养殖饲料来源，剩余农作物秸秆和养殖粪污发酵后还田，在农场耕地边缘或空闲场地建设养殖废弃物处理区，利用大型适用机械将将秸秆和粪污物回收发酵，制成有机肥料还田。② 农副资源综合开发。大豆秸秆（除豆皮外）全部机械化粉碎还田，籽粒玉米的秸秆部分堆肥发酵后还田，部分黄贮后作为肉牛饲料。③ 标准化清洁化生产。完善标准化生产设施，推广科学施肥施药技术。建设田间秸秆发酵设施、有机肥储存发酵设施、农药、化肥包装物和废旧地膜回收池。

建设地点：巴彦农场、甘河农场、欧肯河农场。

2. 农业科技示范园

发展方向：树立科技引领、镇园一体、三产融合、“四化”同步的创园理念，建设现代农业科技创新与展示平台、田园体验区、休闲观光农业示范区、科教基地、园区公共服务中心五个功能板块，加强技术开发、组装集成和科技成果转化，发挥示范引领作用，吸引社会各方面力量参与，逐步建立多渠道、多层次、多元化的投融资机制，促进产业化经营，加强人才培养和队伍建设，加强园区科学管理和制度建设，按照国家农业科技园区指南和管理办法，高起点规划、高标准建设，打造由核心区、示范区和辐射区联动发展的国家农业科技示范园。

建设重点：① 促进现代农业科技创新。以国家、自治区、呼伦贝尔市等各级试验示范项目为依托，继续与有关科研单位合作开展科研课题的研发和推广应用工作，筛选农场作物品种，调整作物结构，为栽培技术措施的组装提供信息保证和技术支撑。② 打造田园体验区。发展以大马力机械播种、田管、收获，物联网应用和设施农业种植、采摘等现代农业为主题的旅游参与和体验。③ 建设科教基地。按照一心八园的布局思路，在巴彦农场农业科技示范园内建设儿童培训中心，负责基本知识的讲解，以植物园、儿童园、科技园、观光园、采摘园、松林园、垂钓园、种羊园八园为实践基地，设计相关知识内容。

建设地点：巴彦农场、甘河农场。

3. 创意创业创新园

发展方向：以创意设计、科研孵化、高端商务为核心，建设创意创新孵化器、文创设计研发中心、企业研发设计总部、人才公寓四大类核心建筑群，启动引智工程，形成独具特色的高端产业启航平台、创新人才集聚平台、产学研合作平台、创业服务示范平台四大平台，营造“要我创新”为“我要创新”的氛围，大众创新、万众创业，定期举办农垦创意文化节等活动，打造内蒙古自治区的“智区·慧谷”，成为汇集工作、商务、休闲、娱乐为一体的新兴园区载体。

建设重点：① 建设核心建筑群。依托大健康产业园、文化长廊、兴垦宾馆等设施基础，围绕创意设计、科研孵化、高端商务等核心主体，建设创意创新孵化器、文创设计研发中心、企业研发设计总部、人才公寓四大类核心建筑群。② 启动引智工程。重点引进与垦区产业发展相契合的科技项目和创业团队，全方位聚合各类创新创业专业服务机构。③ 策划农垦创意文化节。以农垦文化为底蕴，设计摄影、书画、微电影等板块与主题，不同维度展示农垦、展现农垦精神与文化。

建设地点：夏日小镇。

4. 加工物流园

发展方向：充分利用农场的资源优势，依托国内成熟技术，引进先进大豆、杂粮杂豆等生产线，扩大生产规模，提高加工转化率，培育特色支柱产业和产业化龙头企业，带动新型农业经营主体和农户发展专业化、标准化、集约化生产。构建以大豆、杂粮杂豆等主要农产品仓储、物流、商贸于一体的综合体系，以独资、控股等多种形式培育一批专业化现代物流企业集群。

建设重点：① 加快生产设备引进。以大豆、杂粮、蜂产品、牛羊肉加工为重点，与吉林巨润集团、呼伦贝尔宝生制酒、禾牧阳光等企业合作，引进先进的大豆生产线、杂粮精选与加工生产线等设备。② 加快技术革新与产品研发。积极与国家杂粮工程技术研究中心、中国农业科学院、黑龙江省农业科学院等科研院所搭建技术研发与成果转化平台，加大生物、工程、环保、信息等技术集成应用力度，开发营养健康的功能性食品。③ 建设商贸物流基础设施和交易平台。依托垦区临储仓容设施和两条铁路专用线，加快完善物流仓储、冷链等基础设施建设，发展物联网技术、智慧物流、电子商务，建设农产品展示交易中心，建设集农产品仓储、物流、商贸于一体的综合体系。

建设地点：鄂伦春旗工业园区。

5. 田园综合体

发展方向：基于“以人为本、尊重自然”原则，依托农场文化底蕴与人文建筑，尊重基底条件、延续田园特征，将农田及种植、水域及灌溉、池塘及养殖、村庄及居住、道路及交通五大部分田园基底要素，与未来发展需要的垦区观光空间、田园小镇空间、产业融合展示空间的布局相结合，将新的业态、活动植入其中，实现效益扩大，延展农业生产交易、乡村旅游休闲度假、田园娱乐体验、田园生态享乐居住等复合功能，展现新型产业的综合价值，利用食物链、生态循环、垃圾回收利用等，实现生产生活的生态化可持续发展，打造一种新的产业组合、新的生活空间，留住时代的记忆、刻下当代的情怀、传承农垦的文化、寄托未来的梦想。

建设重点：① 构建综合产业体系。分析农场发展基础和特点，确定田园综合体建设的核心产业，发展休闲观光、餐饮、住宿等配套产业，以审美体验、农事体验为主题发展创意农业等衍生产业。② 地产开发及社区建设。按照农场肌理开发庄园别墅、小木屋、传统民居等，打造一个“本来”的村子，同时增加风情活动广场等管理和服务空间，营造新社区。③ 产业延伸与互动模式设计。依托农场观赏型农田、瓜果园，观赏苗木、花卉展示区，水际风光区等景色，建设景观吸引核心区，使游人感受田园风光和农业魅力，同时拓展现代农业原有的研发、生产、加工、销售产业链，使传统的功能单一的农业及加工食用的农产品成为现代休闲产品的载体，产业延伸互动发展。

建设地点：巴彦农场、甘河农场、扎兰河农场、宜里农场、欧肯河农场、古里农场、诺敏河农场、东方红农场。

第四章
空间布局与产业布局

一、空间布局

综合考虑大兴安岭农垦资源禀赋、产业基础、自然条件、地理区位和生态环境承载力等多方面因素，遵循“依托资源、发挥优势、拓展功能、产业融合”的原则，对垦区产业布局进行优化提升，按照“一体、两翼、多园”的空间布局创建国家农业可持续发展试验示范区。“一体”是垦区发展的主体区域。“两翼”分别指东向发展翼、西向发展翼。“多园”是指多种类型的示范园。最终形成点、线、面有机结合，以点带面、产业联动、集群发展的空间发展格局。

（一）一体

1. 区域范围

区域范围包括夏日小镇和东方红农场。该区域地理区位优势显著，位于 8 个农场的中心位置，对全局的农场能够形成辐射带动作用，111 国道从该区域穿过，交通条件便利。该区域耕地面积约 13 万亩，地势北高南低，大部分为丘陵漫岗。区域内河流较多，多为季节河流，主要河流有欧肯河和甘河。

2. 发展重点

（1）夏日小镇

——发展加工物流产业，打造大兴安岭农垦农产品加工物流产业集聚区。以大豆、黑小麦、杂粮杂豆、蜂产品、牛羊肉等为重点，引进和培育一批农产品加工企业。依托 111 国道和农垦铁路物流专线，完善物流基础设施建设，引进和培育现代物流企业，推进农畜产品商贸物流。

——发展休闲农业与乡村旅游，打造大兴安岭地区生态休闲旅游度假核心区。依托交通区位优势，建设结合农垦特色文化，完善旅游基础设施和公众服务设施建设，建设以农垦文化传媒基地、农垦博物馆为主的“农垦文化”的展示和传播基地。

（2）东方红农场

——发展休闲农业与乡村旅游，依托便利的交通条件、优美的田园风光和东方雅布伦山庄，深入挖掘农垦特色文化，打造集农事体验、休闲养生、蔬果采摘、民俗体验、创意农业为一体的综合型乡村旅游示范基地。

——以大豆、设施蔬菜为重点，加快大豆生产保护区建设，建设标准化种植基地。

（二）两翼

以111国道为界，分为东向发展翼和西向发展翼。111国道以东区域为东向发展翼，111国道以西区域为西向发展翼。

1. 东向发展翼

东向发展翼包括古里农场、欧肯河农场和巴彦农场。耕地面积约45万亩，多分布在丘陵漫岗和缓坡漫岗区。

（1）古里农场

——发展绿色有机种植业。优化种植结构和区域布局，重点发展大豆、小麦、芸豆等特色优质农作物，打造优质标准化种植基地，发展有机农业种植。

——发展草食畜牧业，以肉羊、安格斯肉牛为重点，推进标准化养殖小区建设，配套粪污处理设施，建设标准化、清洁化、规模化养殖基地。

——加大天然草地保护力度，发展燕麦草、荞麦等人工饲草种植，推进优质人工饲草种植基地建设，提高优质饲草的自我供给能力。

——围绕芸豆特色农产品，发展芸豆产业文化，开发芸豆系列美食体验等旅游产品，打造全国知名的芸豆之乡。

（2）欧肯河农场

——重点发展安格斯肉牛养殖，推进安格斯肉牛良种繁育体系建设，建设繁育基地，加大引进规模，加快良种繁育。加快建设安格斯肉牛标准化养殖小区，配套粪污处理设施，打造标准化、清洁化、规模化养殖基地。

——加大天然草地保护力度，积极发展燕麦草、荞麦等人工饲草种植，推进优质人工饲草种植基地建设，提高优质饲草的自我供给能力。

——以大豆、有机黑小麦为重点，推进标准化种植基地建设，加快大豆生产保护区建设。

——发展马铃薯种薯产业，建设马铃薯种薯繁育标准化基地，加快实现马铃薯种薯种植的全程机械化，建设高标准马铃薯种薯贮藏库。

（3）巴彦农场

——发展大豆产业，开展大豆绿色增产技术攻关和高产示范，建设标准化食用大豆生产基地和良种繁育基地。

——推进肉羊标准化和产业化发展，加快良种繁育体系建设，加大种羊园建设力度，争创肉羊国家核心育种场，提高良种覆盖率。发展标准化养殖小区，实现肉羊养殖标准化、清洁化、规模化、集约化。

——发展人工种草。筛选优质适宜的饲草品种，建设优质饲草种植基地。发展饲草的收储加工，配套饲草播种、收割、裹包打捆等机械设备，建设标准化规模饲草储备库、青贮窖等基础设施。

——发展中草药、设施蔬菜等特色种植，建设规模化、集约化、标准化种植生产基地。

2. 西向发展翼

西向发展翼包括扎兰河农场、诺敏河农场、宜里农场和甘河农场。耕地约 67 万亩，多分布在丘陵漫岗区、缓坡漫岗区和河谷平原区。

（1）扎兰河农场

——发展高端蜂产业，利用纯野生无污染的特色蜜源生物资源，打造优质蜜源基地。大力发展自养蜂，扶持培育标准化、成熟蜜生产示范户或蜂场，加大对当地蜂品种资源保护力度。推进蜂产品加工业，强化品牌建设，提高产品质量和附加值。

——以大豆、有机黑小麦、杂粮杂豆为重点，推进标准化生产基地建设，加大“水打沟”水土流失治理力度，建成大豆生产保护区和杂粮杂豆特色产品优势区。

——加快发展草食畜牧业，加大天然草地保护力度，积极发展人工饲草，提高优质饲草的自我供给能力。以肉羊和安格斯肉牛为重点，推进规模化、集约化、标准化养殖小区和养殖基地建设。

（2）诺敏河农场

——依托临近达尔滨湖国家地质森林公园的地缘优势和得天独厚的温泉、河网等自然资源优势，大力发展休闲农业与乡村旅游。沿主要道路打造杜鹃花景观带，实施民居改造，配套旅游服务接待中心等服务设施，提高旅游服务接待能力，打造全国知名的杜鹃小镇。

——以大豆、杂粮杂豆为重点，加大良种引进和繁育力度，推进标准化生产基地建设，建成大豆生产保护区和杂粮杂豆特色产品优势区。

——发展马铃薯种薯产业，建设马铃薯种薯繁育标准化基地，加快实现马铃薯种薯种植的全程机械化。

——推进肉羊标准化养殖小区建设，实现肉羊养殖标准化、清洁化、规模化、集约化。

（3）宜里农场

——以大豆、小麦、矮高粱、白瓜等优质特色农产品为重点，推进标准化种植基地建设，加快大豆生产保护区建设。

——加大对天然草原保护力度，积极发展人工饲草，以燕麦草、荞麦为重点，推进优质人工饲草种植基地建设，提高优质饲草的自我供给能力。

——建设肉羊标准化养殖基地，配套粪污处理设施，实现肉羊养殖的规模化、集约化、标准化。

（4）甘河农场

——提升大豆产业发展水平，推进标准化食用大豆生产基地和良种繁育基地建设，建成大豆生产保护区。围绕大豆产业，发展休闲农业与乡村旅游，建设大豆之根风情园，凸显大豆主题形象，打造中国大豆之都。

——发展杂粮杂豆、优质饲草、设肉羊养殖的施蔬菜等特色种植，以及肉羊、安格斯肉牛特色养殖，推进规模化、集约化、标准化种养基地建设。

——发展马铃薯种薯产业，建设马铃薯种薯繁育标准化基地，加快实现马铃薯种薯种植的全程机械化。

（三）多园

园区是农业可持续发展和农业现代化的重要载体，围绕国家农业政策要求和扶持方向，立足垦区资源优势和产业特色，建设五种类型的园区。即生态循环农业示范园、农业科技示范园、创意创业创新园、加工物流园和田园综合体。

1. 生态循环农业示范园

采用种养结合的循环农业发展方式，实施农副资源综合开发工程、畜禽养殖废弃物资源化利用工程和标准化清洁化生产工程，形成一套成熟的可供示范推广的综合性生态循环农业发展模式。

建设地点：巴彦农场、甘河农场、欧肯河农场。

2. 农业科技示范园

按照国家农业科技园区指南和管理办法，高起点规划、高标准建设农业科技园，打造现代农业科技创新与展示平台、田园体验区、休闲观光农业示范区、科教基地、园区公共服务中心五个功能板块，力争创建成为国家级农业科技示范园。

建设地点：巴彦农场、甘河农场。

3. 创意创业创新园

以创意设计、科研孵化、高端商务为核心，建设创意创新孵化器、文创设计研发中心、企业研发设计总部、人才公寓四大类核心建筑群，启动引智工程，形成独具特色的高端产业启航平台、创新人才集聚平台、产学研合作平台、创业服务示范平台四大平台，打造内蒙古自治区的“智区·慧谷”。

建设地点：夏日小镇。

4. 加工物流园

构建以大豆、杂粮杂豆等主要农产品仓储、物流、商贸于一体的综合体系，以独资、控股等多种形式培育一批专业化现代物流企业集群。加快物流、冷链等基础设施建设，发展物联网技术、智慧物流、电子商业，构建以农畜产品仓储、物流、商贸于一体的物流体系。

建设地点：鄂伦春旗工业园区。

5. 田园综合体

基于“以人为本、尊重自然”原则，依托农场文化底蕴与人文建筑，将农田及种植、水域及灌溉、池塘及养殖、村庄及居住、道路及交通五大部分田园基底要素，与未来发展需要的垦区观光空间、田园小镇空间、产业融合展示空间的布局相结合，将新的业态、活动植入其中，实现效益扩大，延展农业生产交易、乡村旅游休闲度假、田园娱乐体验、田园生态享乐居住等复合功能。

建设地点：垦区八个农场。

二、产业布局

（一）优质粮油产业

依据积温、地形等自然条件和种植传统，对垦区粮油作物进行统筹布局，形成“南玉北麦全局豆、公路沿线做景观”的两区两带格局。

（1）北部“麦—豆—薯—杂（包括芸豆、高粱）”轮作区，主要包括古里农场、欧肯河农场、扎兰河农场、诺敏河农场和东方红农场北部。

（2）南部“玉—豆—薯—杂（包括芸豆、高粱）”轮作区，主要包括宜里农场、甘河农场、巴彦农场和东方红农场南部。

（3）111 国道农田景观带，在 111 国道两侧种植马铃薯、矮高粱、油菜和油葵等可供观赏的粮油作物。

（4）316 县道农田景观带，在 316 县道两侧种植马铃薯、矮高粱、油菜和油葵等可供观赏的粮油作物。

作物布局：

——优质非转基因大豆：根据垦区耕地土质和气候条件的分布状况，优质大豆生产基地主要布局在甘河农场、巴彦农场、欧肯河农场、东方红农场南部生产队、宜里、古里农场部分生产队以及垦区南部广大农村地区。规划种植面积在 100 万亩。突出发展高蛋白食用大豆品种的生产，形成稳定的大豆生产区。

——优质玉米生产基地：在甘河农场、巴彦农场、东方红农场南部生产队，重点种植食用玉米和饲用玉米，为向市场提供优质粗粮、发展垦区畜牧业奠定坚实基础。

——小麦：主要布局在扎兰河农场、欧肯河农场北部、东方红农场北部和宜里农场。

——脱毒马铃薯种薯：加快发展马铃薯产业，充分发挥垦区气候、地形以及区位优势，借助国家马铃薯主粮化战略，加强与加格达奇兴佳薯业合作，重点在诺敏河、欧肯河、扎兰河等农场建立脱毒种薯生产基地，规划种植 5 万亩马铃薯。

——杂粮杂豆：主要布局在古里农场、欧肯河农场北部、东方红农场北部、扎兰河农场、诺敏河农场和甘河农场西部，规划发展 8 万亩杂粮杂豆种植。

——矮高粱、油菜和油葵：主要布局在 111 国道、316 县道等主干道两侧，形成 3 万～ 5 万亩的农田景观带。

（二）生态畜牧业

——肉羊：主要布局在巴彦农场、甘河农场、欧肯河农场、东方红农场、宜里农场、扎兰河农场、古里农场和诺敏河农场。以巴彦种羊园为核心，示范带动农场职工及周边农户开展肉羊品种改良，以“户繁场育”打造高品质肉羊标准化规模养殖基地。

——肉牛：主要布局在欧肯河农场、甘河农场、东方红农场、古里农场、扎兰河农场。以欧肯河农场安格斯肉牛养殖为重点，加快良种扩繁，打造高端优质安格斯肉牛繁育养殖基地。

——生猪：主要布局在巴彦农场、古里农场、宜里农场、甘河农场、扎兰河农场、欧肯河农场和诺敏河农场。

（三）饲草料产业

——天然草地：主要布局在扎兰河农场、宜里农场、古里农场、诺敏河农场、欧肯河农场。

——人工饲草：主要布局在巴彦农场、欧肯河农场、古里农场、甘河农场、扎兰河农场和宜里农场，开展燕麦草等优质饲草种植。

（四）精品特色产业

——蜜蜂：布局在扎兰河农场。

——中草药：布局在东方红农场、欧肯河农场、古里农场、甘河农场。

——芳香植物：布局在巴彦农场、东方红农场、诺敏河农场。

——白瓜：布局在扎兰河农场、宜里农场和诺敏河农场。

——汉麻：重点布局在诺敏河农场、宜里农场、古里农场和扎兰河农场，以订单形式建设汉麻规模化种植基地。

——蓝莓：布局在东方红农场、巴彦农场。

——籽用亚麻：布局在古里农场、扎兰河农场和欧肯河农场。

——食用菌：布局在巴彦农场、古里农场、扎兰河农场和诺敏河农场。

——紫苏：布局在诺敏河农场、扎兰河农场和甘河农场西部。

（五）绿色蔬菜产业

——露地蔬菜：主要布局在农场职工的庭院空地、房前屋后。

——设施蔬菜：主要布局在甘河农场、巴彦农场、东方红农场和夏日小镇。

（六）休闲观光与乡村旅游产业

以自然生态为基底，分区块培育特色，以主题农（牧）场、品色小镇、特色景区景点为节点，结合自然地理景观分异特征、行政区划和历史文化差异特征，以线串点、以线带面、点线面结合，建设空间有序、产业发达、产品丰富的旅游系统，形成“一核两翼多板块”的全域旅游布局。

1. 一核

一核——夏日小镇。依托集团总部基地，建设以“农垦文化”研究、展示和传播为主的核心区，以旅游综合配套服务为主的农垦门户旅游区，以休闲度假、养生康体为主的天堂养心谷，打造全新“夏日小镇”成为垦区休闲观光与旅游度假的核心区。

2. 两翼

加快实施甘河、欧肯河“两河”综合开发生态提升工程、绿化提升工程和河渠清淤疏浚工程，推进甘河和欧肯河两岸生态景观建设，推进两河精品休闲观光农业带建设打造农垦旅游两翼。

甘河之翼。重点依托大豆主题农场建设，发展大豆之根、豆腐盛宴等风情园，开发大豆加工业观光体验、大豆主题餐饮、大豆制品购物、大豆主题住宿等旅游产品；依托国际儿童科普农场建设，打造科技园、植物园、儿童园等八园，建设科教基地、科普基地、科研基地、公益事业发展基地四基地，形成以农耕文化体验与现代文化融合的旅游带。

欧肯河之翼。以中国欧肯河湿地公园、芸豆主题农业公园为核心，深度打造人工湖、垂钓体验、芸豆系列美食体验、休闲设施与庄园等项目，形成集旅游、观光、科普、休闲度假于一体的综合性休闲观光农业带。

3. 多板块

主题农场、主题连队。以世界眼光审视垦区，按国际化、市场化、差异化、个性化进行定位，根据农场自身的区位、环境、文化和特色优势，一场一主题，将甘河农场打造中国大豆之都，巴彦农场打造国际儿童科普农场，东方红农场打造假日田园小镇，欧肯河农场打造精品农牧小镇，宜里农场打造诚信农场，古里农场打造芸豆之乡，扎兰河农场打造芳香小镇，诺敏河农场打造杜鹃小镇。梳理出道德模范连、创业先锋连、铁人精神连、科技示范连等具有鲜明特点、产业突出的主题连队，互为基地、抱团发展。

专栏 2：产业布局		
产 业	布局	
优质粮油	大豆	垦区八个农场
	杂粮杂豆	古里农场、东方红农场北部、诺敏河农场、欧肯河农场北部、扎兰河农场、甘河农场西部
	小麦	扎兰河农场、东方红农场北部、宜里农场、欧肯河农场北部
	玉米	东方红农场南部、巴彦农场、甘河农场
	马铃薯种薯	欧肯河农场、诺敏河农场、扎兰河农场
	矮高粱	宜里农场、甘河农场西部
	白瓜	扎兰河农场、诺敏河农场、宜里农场

续表

产 业		布局
生态畜牧	肉牛	欧肯河农场、东方红农场、古里农场、甘河农场、扎兰河农场
	肉羊	巴彦农场、扎兰河农场、东方红农场、诺敏河农场、宜里农场、古里农场、甘河农场、欧肯河农场
	生猪	巴彦农场、古里农场、扎兰河农场、诺敏河农场、甘河农场、欧肯河农场、宜里农场
现代饲草料	天然草地	扎兰河农场、宜里农场、古里农场、诺敏河农场、欧肯河农场
	人工种草	古里农场、欧肯河农场、巴彦农场、甘河农场、扎兰河农场、宜里农场
精品特色	蜜蜂	扎兰河农场
	中草药	东方红农场、欧肯河农场、古里农场、甘河农场、
	芳香植物	巴彦农场、诺敏河农场、东方红农场
	汉麻	诺敏河农场、宜里农场、古里农场、扎兰河农场
	蓝莓	东方红农场、巴彦农场
	籽用亚麻	古里农场、扎兰河农场、欧肯河农场
	食用菌	巴彦农场、古里农场、扎兰河农场、诺敏河农场
	紫苏	诺敏河农场、扎兰河农场、甘河西部农场
绿色蔬菜	设施蔬菜	东方红农场、巴彦农场、甘河农场

第五章

农业产业可持续发展

一、优质粮油产业

（一）现状与问题

1. 发展现状

（1）粮油生产稳步推进。垦区现有耕地125.3万亩，“十二五”期间累计生产粮食152.39万吨，商品化率达到93%，为社会提供商品粮豆141.72万吨，是国家重要的商品粮基地和国家粮食战略后备基地。非转基因大豆为垦区传统优势作物，常年播种面积在70万～90万亩，年可生产大豆10万～14万吨。

（2）结构调整紧跟形势。垦区农作物以大豆、玉米、小麦和杂粮为主。“十二五”期间，垦区围绕增加粮食产量这条主线，按照“稳豆、增玉、扩经”的调整方针，逐年扩大玉米种植规模，从不足1万亩发展到2015年48万亩。为推进农业供给侧结构性改革，垦区进一步优化种植结构，按照减玉、增豆、稳麦、扩经饲的调整思路，2016年种植大豆78.98万亩、玉米31.54万亩、小麦9.31万亩、矮高粱2.92万亩、芸豆1.16万亩、白瓜0.52万亩、马铃薯0.21万亩、其他作物0.84万亩。

（3）绿色有机优质粮油产品认证有序进行。垦区高度重视优质农产品认证工作。自1994年起先后有腐竹、大豆、双青大豆、小麦、芸豆、矿泉水等产品通过欧盟ECOCERT有机认证、日本JAS认证、中国绿色食品发展中心、中绿华夏有机食品认证中心等组织机构的认证。目前全局已认证绿色食品基地80万亩，其中，大豆50万亩、玉米20万亩、芸豆10万亩，小麦20万亩正在待审中。扎兰河农场获得“全国百家无公害示范农场创建基地单位”称号。

2. 存在问题

（1）农业基础设施薄弱，抗灾能力弱。当前垦区粮油种植主要为雨养农业，可灌溉面积不足耕地面积的10%，且大部分灌溉项目区不能正常启动，基本靠天吃饭，抵御自然灾害的能力较弱。2016年遭遇大旱，垦区具有灌溉条件的16.2万亩耕地，因项目实施过程中的各种问题，全部没有实现灌溉减灾。

（2）主要作物品种更新缓慢。近些年受大豆种植效益低的影响导致面积下滑，致使大豆育种企业育种步伐放缓，加之垦区地处高寒地区，积温低、无霜期短，只能种植早熟品种，适合垦区种植的早熟高产品种不多。小麦也存在相同的问题，目前小麦品种抗自然风险能力不强，易遭遇“掐脖旱”，产量不稳定，主栽培品种种植年限都至少在 3 年以上，品种更新不及时、无良种。

（3）比较效益偏低的问题更加突出，粮食产品销售困难。近年来，化肥、农药、农膜等农业生产资料价格呈上涨态势。加之农业劳动力就业机会增多，农业人工费用不断增加，推动了生产成本逐年提高，粮食生产正逐步进入一个高成本时代；同时，随着加入 WTO 保护期的结束，我国的主要大宗农产品都面临着国际市场的冲击，粮食等主要农产品价格提高受诸多因素制约；粮食等大宗农产品销售渠道不多，在产品销售上没有完善的物流体系支持，铁路、水运等运输部门没有体系规范。

（4）龙头企业带动能力不强，产业化水平低。垦区现有大豆深加工企业一个，可生产加工豆油、高低温豆粕、大豆浓缩蛋白等产品，是自治区产业化龙头企业，2011 年该企业与蒙佳集团合作经营，使其加工能力达到 12 万吨 / 年，但近年受进口大豆冲击，及本地位置偏远导致的仓储费、运输费居高不下的影响，加工效益低，企业停产，带动能力不强。

（二）发展思路

紧抓国家建立重要农产品生产保护区和特色农产品优势区的机遇，大力实施“藏粮于地、藏粮于技”战略。按照“增大豆、减玉米、稳小麦、扩杂粮”的思路，“细分市场、调优品种、提升单产、定向销售”，重点发展非转基因大豆、优质杂粮杂豆、高强筋小麦等优质粮油作物，加强新品种培育、引进和示范推广，加强农田综合整治、耕地质量提升、科技创新应用、农业物质装备，重点发展专用玉米、芽豆、蛋白豆、马铃薯种薯以及酒用高粱等订单农业，打造高标准农田和优质粮油生产基地。强化“三品一标”认证，以中高端市场需求为导向，因地制宜发展绿色有机大豆、有机黑小麦、绿色有机杂粮杂豆等“名、优、精、特”健康原粮销售；坚持“为加而种、以种促加”，重点发展大豆、杂粮杂豆、强筋小麦精深加工，延长粮油产业链条。

（三）发展目标

稳定粮油产能，优质高效的种植结构初步形成，产品品质不断提升。建成全国一流的非转基因大豆生产区和全国知名的绿色（有机）食品生产加工输出基地，打造中国大豆之都和健康食品产业航母，形成粮豆薯合理轮作、有序发展的格局，争创国家重要农产品（大豆）生产保护区和特色农产品（杂粮杂豆）优势区。

到 2020 年，垦区粮油作物播种面积稳定在 125 万亩，其中大豆 80 万亩、玉米 20 万亩、杂粮杂豆 8 万亩、小麦 6 万亩，其他作物 10 万亩，形成粮—豆—薯轮作区。

到2030年，垦区重要农产品（大豆）生产保护区和特色农产品（杂粮杂豆）优势区建设初显成效，优质大豆种植面积稳定在100万亩、杂粮杂豆15万亩。

专栏5-1 大豆产业

发展思路：围绕振兴非转基因大豆产业，充分挖掘“中国大豆之都”品牌价值，坚持以市场需求为导向，以提高效益为核心，以科技创新为动力，以产业链条扩张为保证，以提高单产、发展专业品种为主攻方向，重点发展食用大豆，全面打响非转基因大豆、绿色大豆、无公害大豆品牌，加强与海天、燕之坊等企业合作，建立标准化食用大豆订单原料基地；加强与吉林巨润合作，推进大豆精深加工，促进大豆产业实现区域化布局、规模化经营、专业化生产、产业化推进，打造国家重要农产品（大豆）生产保护区。

发展目标：力争10年内把大农建成高产稳产非转基因高蛋白大豆生产基地，争创全国非转基因大豆保护区。到2020年，有机认证大豆达到3万亩，绿色认证达到50万亩，标准化订单基地达到20万亩；到2030年，有机认证大豆达到5万亩，绿色认证达到50万亩，标准化订单基地达到40万亩。

重点任务与项目：

1.重要农产品（大豆）生产保护区建设项目。按照国家重要农产品生产保护区建设标准，选择水土资源条件好、土地集中连片区域，建设重要农产品（大豆）生产保护区80万亩，强化农田水利设施建设，加快优良大豆品种和高产栽培技术应用，推进大豆生产全程标准机械化，适度规模化，力争创建成为国家级重要农产品（大豆）生产保护区。

2.标准化食用大豆生产基地。建设有机大豆标准化生产基地2万亩，绿色大豆标准化生产基地50万亩，按照有机食品技术标准和绿色食品技术标准制订统一的生产操作规程。

3.大豆良种繁育基地。与中国农业科学院、黑龙江省农业科学院、八一农垦大学等科研院所和高等院校专家开展联合育种，建成大豆改良中心，建设两种繁育基地10万亩，加快新品种推广应用，积极培育适宜垦区的主栽品种。

4.大豆绿色增产模式攻关项目。组建非转基因食用大豆绿色增产技术研究中心，开展高产示范，克服大豆生产技术瓶颈，提高大豆单产和总产，提高品质。

专栏 5–2　杂粮杂豆产业

发展思路：以争创国家特色农产品（杂粮杂豆）优势区为目标，加快推进种植结构调整，以市场需求为导向，因地制宜，适度扩大芸豆、燕麦、白瓜子等优势杂粮杂豆种植；以产业化发展为主线，依托垦区生态环境优势和黑龙江八一农垦大学国家杂粮工程技术研究中心科研技术优势，科学规划、合理布局，通过区域化种植基地和深加工龙头企业建设，探索建立“基地 + 龙头企业 + 市场”的杂粮杂豆产业化经营模式。大力发展绿色、有机杂粮杂豆产品，逐步形成具有区域特色的农业主导产业和支柱产业，实现资源优势、区域优势、产品优势、技术优势、市场优势、经济优势的有效整合。

发展目标：借助垦区的生态优势和气候优势，突出“有机杂粮特色”，将垦区建成全国知名的优质杂粮生产基地和供应基地、国家特色农产品（杂粮杂豆）优势区。到 2020 年，杂粮杂豆有机认证面积达到 2 万亩，绿色认证面积达到 10 万亩，标准化订单基地面积达到 4 万亩；到 2030 年，有机认证面积达到 3 万亩，绿色认证面积达到 10 万亩，标准化订单基地面积达到 6 万亩。

重点任务与项目：

1. 特色农产品（杂粮杂豆）优势区建设项目。制定杂粮杂豆“绿色、有机”标准化种植规程，按示范区、丰产方、生产基地建设分层次规划，通过新品种、新技术示范推广，建设特色农产品（杂粮杂豆）标准化生产基地 15 万亩。

2. 杂粮杂豆精深加工增值。依托国家杂粮工程技术研究中心为技术支撑，培育技术装备先进、市场发展潜力大、发展后劲足的杂粮加工产业龙头企业，完善“基地 + 龙头企业 + 市场”的产业化经营模式，开发精品分级原粮精美包装、营养即食精细加工等系列产品，强化品牌建设，打造 1 ～ 2 个大兴安岭农垦优质杂粮杂豆明星产品。

专栏 5–3　马铃薯种薯产业

发展思路：充分利用呼伦贝尔被国家确定为“全国十大种薯繁育基地”的有利条件和农垦在科技、土地资源和加工企业方面的优势，抓住国家马铃薯主粮化和种植业结构调整战略机遇，坚持以市场为导向，以技术创新为动力，借助大兴安岭农科院和加格达奇兴佳薯业的技术优势和市场渠道，利用农场统一经营耕地，逐步建立马铃薯脱毒种薯三级繁育体系；建设马铃薯鲜薯生产基地，重点发展芽线浅、薯型标准一致、能适应不同需求的新品种。

续 表

专栏 5-3 马铃薯种薯产业
发展目标：2020 年建成马铃薯原种和一级种薯繁育基地 2 万亩，年产优质脱毒种薯 4 万吨；2030 年建成马铃薯原种和一级种薯繁育基地 5 万亩，年产优质脱毒种薯 7 万吨。 **重点任务及项目：** 1. 马铃薯原原种工厂化生产及优质种薯繁育标准化基地建设目。建设马铃薯原原种工厂化生产基地，主要包括：网棚 200 亩，温室 1 000 平方米，贮藏库 5 000 平方米，购置相关仪器设备。在自然隔离条件好的农场建设马铃薯优质种薯繁育标准化基地 5 万亩，年产优质脱毒种薯 7 万吨。 2. 马铃薯全程机械化建设项目。在马铃薯种植面积较大具有连片机械化作业条件的场队建设马铃薯农机作业核心示范基地，引进和推广先进农机具，改善农机装备结构、淘汰落后农机，实现马铃薯种植的深松、起垄、播种、收获、筛选等全部实行机械化作业，解决马铃薯种植和收获难的问题。 3. 种薯储藏库建设项目。按照种薯的贮藏要求，改进和创新贮藏技术，建设马铃薯种薯贮藏库。包括：原原种恒温贮藏库共 1 000 平方米，年贮藏能力达 2 000 万粒。一级、二级种薯贮藏库 10 万立方米，年贮藏能力达 6 万吨。

（四）重点工程

1.“两区”创建工程

按照“布局合理、标识清晰、生产稳定、能划尽划”的原则，结合永久基本农田划定，选择农田基础设施较好、相对集中连片的田块，科学合理划定重要农产品（大豆）生产保护区，进一步加强农田水利基础设施建设，实现区域内品种优质化、耕作机械化、生产标准化、灌溉管道化、道路硬面化以及田间林网化。加快推进杂粮杂豆标准化基地建设，以标准化栽培为核心，集成优良品种、测土配方施肥、节水节肥、全程机械化及病虫害综合防治等技术，推广绿色增产攻关技术模式，加强“三品一标”认证，争创特色农产品（杂粮杂豆）优势区。

2. 高标准农田工程

强化农田基础设施建设，改善粮油作物生产重点区的基础设施条件。通过整合新增农业综合开发、土地整理、保护性耕作工程等现有各类农田建设资金，设立标准农田建设基金，实行统一规划、分工实施。分别针对大豆、杂粮杂豆、马铃薯种薯、小麦等主要粮油作物，开展土地平整、农田水利、田间道路、农田防护林等设施建设，大规模改造中低产田，建设集中连片、旱涝保收、稳产高产、生态友好的高标准农田，稳定提高耕地生产能力，实现农业内涵式发展。

3. 现代种业工程

依托垦区所处优越的自然生态条件，加强与中国农业科学院、黑龙江省农业科学院、黑龙江八一农垦大学、大兴安岭农业科学院等科研院所、高等院校的联系与合作，建设非转基因大豆、小麦、杂粮杂豆、马铃薯等优质粮油育种试验基地、科研单位育种试验站等。以甘河农场、巴彦农场、古里农场等为重点，建立覆盖全垦区的优质良种繁育体系，增强大宗农产品优良新品种创新能力。以培育早熟、高产、高效的抗病新品种为主要目标，培育一批具有重大应用前景的突破性优良品种，促进种子的不断更新换代，不断提高经济效益和扩大在国内种子市场的份额。以订单形式因地制宜建设马铃薯种薯标准化生产基地，打造呼伦贝尔市马铃薯种薯繁育基地。

4. 粮油加工增值工程

强化储藏窖和烘干设备等农产品产后商品化处理设施建设，促进农产品加工业转型升级。大力发展优质原料基地和加工专用品种生产，开发大豆、杂粮杂豆等多元化休闲食品和营养保健食品，依托黑龙江八一农垦大学国家杂粮工程技术研究中心建设杂粮产业园。重点实施大豆低聚糖肽粉、功能性大豆蛋白肽和压榨有机大豆油加工项目，打造甘河农场打造豆腐盛宴风情园，形成以大豆为主导产品的健康食品加工集群，为市场提供以大兴安岭独特区位优势为卖点的健康食品。

5. 粮油丰产科技工程

加强粮油种植技术研发与推广，健全场队粮油生产农技推广机构与体系，充实农技推广人才队伍，提炼集成不同作物的种植技术规范与生产管理措施，开展高产创建和绿色增产模式攻关，集成推广应用综合技术，以实现优新品种选育、成熟技术配套及其科学田间管理的优化组合。建立完善病虫监测和防控技术指导与社会化服务体系，引进示范推广玉米螟、大豆胞囊线虫病、马铃薯晚疫病和土传病害等防治技术，加强植保无人飞行器等现代植保机械在防治病中的应用水平，大力推广专业化统防统治和绿色防控等现代植保技术。大力推进农业机械化生产，着重突破大中型机械在粮食作物收获环节应用的瓶颈。

（五）重点项目

粮油产业重点实施重要农产品（大豆）生产保护区建等 11 个项目，总投资 15.8 亿元（表 5-1）。

表 5-1　粮油产业重点项目

序号	项目名称	建设内容	建设地点	投资（万元）
1	重要农产品（大豆）生产保护区建设项目	按照国家重要农产品生产保护区建设标准，选择水土资源条件好、相对集中连片区域，建设重要农产品（大豆）生产保护区 80 万亩，强化农田水利设施建设，加快优良大豆品种和高产栽培技术应用，推进大豆生产全程标准机械化，适度规模化，力争创建成为国家级重要农产品（大豆）生产保护区。	垦区八个农场	16 000
2	标准化食用大豆生产基地建设项目	每年建设有机大豆标准化生产基地 2 万亩，绿色大豆标准化生产基地 50 万亩，按照有机食品技术标准和绿色食品技术标准制定统一的生产操作规程。	垦区八个农场	1 600
3	大豆良种繁育基地建设项目	与中国农业科学院、黑龙江农业科学院、黑龙江八一农垦大学等科研单位和高等院校专家开展联合育种，建成大豆改良中心，建设良种繁育基地 10 万亩，加快新品种推广应用，积极培育适宜垦区的主栽品种。	甘河农场、巴彦农场、欧肯河农场	2 000
4	大豆绿色增产模式攻关项目	组建非转基因食用大豆绿色增产技术研究中心，开展高产示范，克服大豆生产技术瓶颈，提高大豆单产和总产，提高品质。	巴彦农场	2 000
5	特色农产品（杂粮杂豆）优势区项目	制定杂粮杂豆“绿色、有机”标准化种植规程，通过新品种、新技术示范推广，建设特色农产品杂粮杂豆标准化生产基地 15 万亩。	甘河农场、古里农场、扎兰河农场、诺敏河农场	2 000

续 表

序号	项目名称	建设内容	建设地点	投资（万元）
6	马铃薯原原种工厂化生产及优质种薯繁育标准化基地	建设马铃薯原原种工厂化生产基地，主要包括：网棚 200 亩，温室 1 000 平方米，贮藏库 5 000 平方米，购置相关仪器设备。在自然隔离条件好的农场建设马铃薯优质种薯繁育标准化基地 5 万亩，年产优质脱毒种薯 7 万吨。	甘河农场、欧肯河农场、诺敏河农场	8 000
7	马铃薯全程机械化项目	在马铃薯种植面积较大具有连片机械化作业条件的场队建设马铃薯农机作业核心示范基地，引进和推广先进农机具，改善农机装备结构、淘汰落后农机，实现马铃薯种植的深松、起垄、播种、收获、筛选等全部实行机械化作业，解决马铃薯种植和收获难的问题。	甘河农场、欧肯河农场、诺敏河农场	2 500
8	种薯储藏库建设项目	按照种薯的贮藏要求，改进和创新贮藏技术，建设马铃薯种薯贮藏库。包括：原原种恒温贮藏库共 1 000 平方米，年贮藏能力达 2 000 万粒。一级二级种薯贮藏库 10 万立方米，年贮藏能力达 6 万吨。	欧肯河农场	2 000
9	高标准农田建设项目	建设高标准农田 80 万亩，开展土地平整、土地深松、农田水利、土壤改良、田间道路、配套电网林网等基础设施建设，进行田、水、路、林综合整治，完善农田基础配套设施。	垦区八个农场	120 000
10	有机小麦标准化生产基地	按照有机食品生产标准，建设有机黑小麦标准化生产基地 2 万亩。	欧肯河农场、扎兰河农场	600
11	农作物病虫害绿色防控技术、农药减量增效推广项目	建设大豆、小麦、玉米、杂粮杂事等主要农作物重大病虫害专业化统防统治和绿色防控示范面积 80 万亩。应用现代植保机械，因地制宜发展大型植保机械，推广生物农药和绿色防控技术，喷药机械更换节约扇形喷嘴，配置适宜的过滤器，提高农药施用效率。	垦区八个农场	1 300

二、生态畜牧业

（一）现状与问题

1. 发展现状

（1）生态畜牧业稳步发展。垦区2016年牧业年度牲畜存栏达到25.2万头（只），其中，肉牛存栏0.48万头，基础母牛存栏0.24万头，品种较杂，以当地肉牛杂交品种和西门塔尔杂交牛品种为主；肉羊存栏24.27万只，基础母羊存栏13.39万只，以小尾寒羊和蒙古羊杂种为主；生猪存栏0.45万头，能繁母猪存栏0.06万头。禽类存栏11.4万羽，马属动物存栏0.05万匹。

（2）积极推进规模化标准化养殖。建成规模化养殖场9个，其中以巴彦农场种羊园和欧肯河肉牛养殖场为主，引进杜泊羊、澳洲白羊、萨福克羊、安格斯肉牛等优良品种，以技术为支撑，带动和引导养殖户发展肉羊、肉牛养殖，建立标准化肉羊养殖示范户20户，发展标准化饲养管理模式，进行品种改良，打造“奥巴羊”“安格斯牛”两大品牌，逐步完善垦区肉羊、肉牛养殖体系。

（3）初步建成良种繁育体系。垦区巴彦农场种羊园以澳洲白羊、杜泊羊、萨福克绵羊为父本，以湖羊、小尾寒羊改良品种为母本开展肉羊繁育改良，培育出耐高寒、耐粗饲、繁殖率高的肉羊杂交品种，现存栏3 700只。引进纯种安格斯基础肉牛100头，为良种肉牛繁育奠定基础。

2. 存在问题

（1）标准化养殖基础设施建设滞后。垦区现有肉牛、肉羊养殖小区17处，可实现舍饲养殖肉牛肉羊4.89万头只，仅占肉牛肉羊总存栏的19.76%。畜牧业仍以家庭散养为主，规模化标准化养殖水平低。

（2）畜牧产业链条短，产品附加值低。当前垦区畜牧业规模化企业少、规模小，辐射带动能力不强。畜牧加工仍以初级屠宰为主，加工产品附加值低，缺乏品牌效应。

（二）发展思路

按照“优化畜种畜群结构，转型升级生态畜牧业”的思路，以肉羊、肉牛、生猪、禽类养殖为重点，坚持“稳猪稳禽、扩羊增牛、种养结合、产业延伸、品牌强化、持续增收”，加强科技研发与应用推广，创新养殖技术与模式，推进规模化、集约化、标准化养殖，构建质量安全体系，加强疫病防控，强化绿色畜产品品牌建设，建设高端优质生态畜牧业的大基地、大产业。加快国内外优良品种引进与繁育推广，提升种群供种能力、单产和品质。加快完善养殖基础设施，引导推进“龙头企业＋养殖基地”“龙头企业＋家庭农场”经营模式，培育壮大一批辐射带动能力强、发展后劲足的全产业链龙头企业。

肉羊：以湖羊改良品种为主推品种，引进杜泊羊、澳洲白羊、萨福克羊等优良品种开展杂交，创新标准化养殖模式和繁育改良技术，培育适合地域特征的优质肉羊品系，实现“母本升级”。

肉牛：以安格斯肉牛为主推品种，加快推进肉牛品种改良，扩大良种肉牛养殖规模，打造高端优质肉牛标准化养殖基地。

生猪：紧抓自治区承接南方生猪养殖业转移机遇，适度开展生猪标准化规模养殖，配套粪污收储发酵设施建设，推进种养结合、畜禽养殖清洁化。

（三）发展目标

到 2020 年，垦区及周边肉羊存栏 60 万只，年出栏 40 万只，畜牧业总产值占农业总产值的比例达到 40% 以上。肉牛出栏 6 万头、生猪 2 万头。建设绿色畜产品原料标准化规模养殖小区 70 处，实现 12.42 万头（只）牲畜舍饲养殖。扶持培育生态畜牧业龙头企业 1 家。畜产品就地加工转化率达到 65%，做大做强呼伦贝尔“品生态”品牌，打造 1 ～ 2 个知名商标，初步实现初级畜产品无公害化和质量可追溯。重大动物疫病免疫密度达到 100%，畜产品检测合格率稳定在 98% 以上。

到 2030 年，主要草食畜品种改良实现重大突破，畜产品供给保障能力和产业竞争力大幅提升，生产技术水平稳步提高，标准化规模养殖稳步推进，种养加销一体化进程加快，打造现代生态畜牧产业航母。建成国家重要的绿色有机畜产品生产输出基地、国家级生态草牧业示范区，打造一批设施完善、设备先进、源头可溯、质量可靠的现代化草食畜良种繁育基地，争创肉羊国家核心育种场 1 家。

专栏 5-4：肉羊产业
发展思路：紧抓内蒙古自治区打造国家重要的绿色农畜产品生产加工输出基地重要机遇，强化科技支撑，加大与各大科研院所和知名肉羊繁育企业的合作力度，重点建设良种繁育推广体系、饲养管理技术集成；加快转变经营方式，培育壮大产加销一体化龙头企业，推进标准化规模养殖小区建设，构建“企业＋农场＋养殖户”“企业＋基地＋养殖户”等利益联结机制；强化“三品一标”认证和质量追溯体系建设，注重培育优势品牌，创新研发精深加工、精细分割、精装销售产品，推动垦区现代畜牧业转型升级。

续 表

专栏 5–4：肉羊产业
发展目标：到 2020 年，垦区种羊存栏 2 万只，年出栏 0.8 万只，肉羊良种覆盖率达到 90%，规模化饲养比例达到 80%；建设肉羊标准化规模养殖基地 51 处，肉羊存栏 60 万只，年出栏 40 万只，实现质量可追溯比例 50%。到 2030 年，肉羊存栏 80 万只，年出栏 50 万只，肉羊标准化规模养殖基地 80 处，肉羊标准化规模饲养比例达到 90%，良种覆盖率达到 100%，质量可追溯比例达到 70%，扶持培育肉羊产业化龙头企业 1 ～ 2 家。建成国家重要的绿色有机畜产品生产加工输出基地，力争将巴彦农场种羊园建成肉羊国家核心育种场，年出栏种羊 10 000 只。
重点任务与项目： 1. 肉羊良种繁育项目。以巴彦农场种羊园为核心，加强与中国科学院、中国农业科学院、黑龙江省农业科学院、天津奥群牧业、华大基因等科研院所、龙头企业的技术合作，重点推广以澳洲白羊、杜泊羊、萨福克羊为父本，以湖羊为母本的肉羊品种改良，在技术上重点推广肉羊标准化饲养、工厂化生产模式、同期发情、人工输精、腹腔镜输精、胚胎移植技术，构建以巴彦农场种羊园为主体、肉羊改良示范户为补充的局场两级肉羊良种繁育体系，争创肉羊国家核心育种场，实现肉羊良种覆盖率 100%。 2. 肉羊标准化规模养殖小区建设项目。新建与改造人畜分离标准化规模养殖小区 51 处，实现肉羊舍饲标准化养殖规模达到 27 万只，年出栏工厂化标准化养殖肉羊 15 万只以上。重点探索推广“六统一管理”模式，推进生产规范化、防疫制度化和粪污无害化，配套粪污处理利用基础设施设备，做到粪污 100% 有机化还田，实现垦区肉羊养殖标准化、清洁化、规模化、集约化。 3. 肉羊产业化推进项目。加强与肉类加工企业合作，完善肉羊养殖加工产业链条，本着“合作共赢”原则，加大招商引资力度，引进投资规模大、带动能力强、发展后劲足的合作伙伴，强化产品研发创新和品牌创建，打造全国农垦绿色有机畜产品产业化航母。

专栏 5–5：肉牛产业
发展思路：以市场需求为导向，以科技支撑为动力，以质量安全为前提，坚持“草畜配套、为牧而农”，加大安格斯肉牛引进，加快良种繁育体系与标准化养殖技术模式构建，加强疫病防控与质量安全体系建设，推进安格斯肉牛标准化、规模化、集约化养殖，打造高端肉牛标准化规模养殖基地。面向中高端市场，以集中屠宰、品牌经营、冷链流通、冷鲜上市为主攻方向，延伸肉牛产业链，提升价值链。

续 表

专栏 5-5：肉牛产业
发展目标： 到 2020 年，肉牛存栏 5 万头、年出栏 2 万头，其中安格斯肉牛存栏 1 万头、年出栏 0.5 万头，规模化养殖比例达到 85%。到 2030 年，肉牛养殖存栏 10 万头，年出栏 6 万头，其中安格斯肉牛存栏 4 万头，年出栏 2 万头；规模化养殖比例达到 95% 以上，培育产加销一体化肉牛产业化龙头企业 1 ～ 2 家。将大兴安岭农垦打造成为全国农垦高端优质肉牛标准化养殖基地。
重点项目： 1. 安格斯肉牛良种繁育。结合国家对家畜良种的扶持政策，以欧肯河农场为重点，持续引进安格斯肉牛基础母牛 1 000 头，积极与中国科学院、中国农业科学院、黑龙江省农业科学院、禾牧阳光等科研院所与龙头企业建立合作，借助其技术优势，加快安格斯肉牛良种繁育，探索标准化肉牛养殖技术模式，推广肉牛良种繁育技术、肉牛标准化养殖技术、性控冷配技术，提高肉牛标准化生产能力和良种覆盖率。 2. 高端安格斯肉牛标准化基地建设。以欧肯河农场为核心，推广安格斯肉牛标准化养殖技术模式，建设人畜分离标准化规模养殖小区 7 处，安格斯肉牛标准化养殖规模达到 7 000 头，年出栏高档肉牛 5 000 头以上。配套建设相关粪污处理设施设备，示范带动周边职工、农户开展安格斯肉牛养殖，探索“户繁场（企）育”经营模式，打造高端安格斯肉牛标准化规模养殖基地。 3. 安格斯肉牛产业化推进。以欧肯河农场为核心示范点，阶段性推广安格斯肉牛产业化进程，前期以合作繁育为重点，建设安格斯肉牛标准化养殖基地，探索形成成熟的养殖繁育技术模式；后期以自产自销为重点，面向中高端市场，培育产加销一体化龙头企业，加强产品研发创新，推进肉牛标准化屠宰、肉品分类分级，实施精细化分割、精深化加工、精美化包装、精准化营销，创响品牌，打造国家重要的绿色高端肉牛生产加工输出基地。

（四）重点工程

1. 肉羊肉牛良种繁育工程

结合国家对家畜良种的扶持政策，加大安格斯肉牛、杜泊羊、澳洲白羊、萨福克羊等肉牛肉羊优良品种引进，建立以巴彦种羊园、欧肯河农场安格斯肉牛养殖小区为龙头基地，以中国科学院、中国农业科学院为技术支撑，以天津奥群牧业、华大基因、禾牧阳光等企业为合作单位的良种繁育体系，培育寒区多胎肉羊新品种和高端优质肉牛品种，扩大优良品种养殖规模。完善以巴彦种羊园为主体、肉羊改良示范户为补充的局场两级良种繁育与推广体系。建立覆盖全垦区的家畜改良服务站，强化技术培训与指导，大力推广人工授精、经济杂交等繁育技术。到 2020 年，年培育种羊 10 000 只，争创肉羊国家核心育种场；到 2030 年，建成国家重要的现代生态畜牧业良种养殖基地。

2. 规模化养殖小区建设工程

大力发展标准化、规模化健康养殖，鼓励龙头企业、养殖大户、各农场场部建设标准化规模养殖基地（小区），完善现代化设施设备，探索推广智能化、信息化管理，促进养殖小区向智慧牧场转变。创新肉牛肉羊养殖技术，重点推广标准化养殖综合配套、全混合日粮饲喂、精细化分群饲养、规模化集中育肥等技术，以安格斯肉牛、湖羊改良品种（奥巴羊）养殖为重点，探索“户繁企（场）育”养殖模式，发挥各经营主体优势，形成生态畜牧业发展合力。到 2020 年，建设 5 ～ 8 个标准化规模化养殖小区，规模化养殖比重达到 80% 以上；到 2030 年，建成国家重要的绿色有机畜产品生产输出基地。

3. 畜牧产业链延伸工程

按照“集中力量、整合资源、强化培育、扶优强优”的要求，面向中高端市场，依托鄂伦春旗工业园区，加大招商引资力度，创新合作方式，加快与肉类加工企业合作，培育科技含量高、市场潜力大、经济效益好、带动能力强、发展后劲足的肉类产加销一体化大型龙头企业。完善龙头企业与垦区职工的利益联结机制，打造集标准化原料基地、集约化加工、体系化物流配送和营销网络“三位一体”畜产品加工产业集群，推进“养殖户 + 养殖基地 + 加工企业 + 产品营销”的“一条龙”经营模式。到 2020 年，畜产品加工转化率达到 65%；到 2030 年打造全国农垦绿色食品产业化航母。

4. 畜产品品牌培育工程

立足湖羊改良品种和安格斯肉牛的规模化养殖，实施绿色有机畜产品品牌培育工程，引导和支持畜牧龙头企业开展绿色、有机认证，建立健全羊肉、牛肉全产业链质量追溯体系，建立实现肉羊、肉牛养殖—屠宰加工—物流配送—消费终端等全产业链的无缝监管，打造名、精、优畜产品品牌。引导企业积极申报商标，参加各种交易会、展览会推介产品，争创知名商标。扩大“呼伦贝尔品生态”集体商标使用范围，加强广告宣传和使用管理，提升品牌影响力和知名度。到2030年，打响“呼伦贝尔品生态”羊肉、牛肉品牌。

5. 动物疫病防控与畜产品质量监管工程

加强动物疫病防控体系建设，加大对口蹄疫等重大动物疫病防控力度，加强对布病、结核病等重点人畜共患病优先防治工作，实施种畜场疫病净化策略和小反刍兽疫消灭行动，提升应急能力。强化基层防疫人员业务能力建设，定期组织开展培训学习。加强畜产品质量安全全过程控制，突出投入品质量监管、生产技术规范及市场准入等关键环节，从源头上强化畜产品质量安全保障。到2020年，建成动物疫病防控体系和畜产品质量安全全过程监管体系。

（五）重点项目

生态畜牧业重点实施肉羊良种繁育、肉羊标准化规模养殖场建设等5个重点项目，总投资61 980万元（表5–2）。

表5–2 生态畜牧产业重点项目

序号	项目名称	建设内容	建设地点	投资（万元）
1	肉羊良种繁育项目	以巴彦农场种羊园为核心，重点推广以澳洲白羊、杜泊羊、萨福克羊为父本，以湖羊为母本的肉羊品种改良，在技术上重点推广肉羊标准化饲养、工厂化生产模式、同期发情、人工输精、腹腔镜输精、胚胎移植技术，构建以巴彦农场种羊园为主体，肉羊改良示范户为补充的局场两级肉羊良种繁育体系，争创肉羊国家级核心育种场1家，实现全局肉羊良种覆盖率100%。	巴彦农场种羊园	3 700
2	肉羊标准化规模养殖场建设项目	新建人畜分离标准化规模养殖小区51处，肉羊舍饲标准化养殖规模达到27万只，年出栏工厂化养殖模式肉羊15万只以上。养殖过程重点推广“六统一”管理模式，推进生产规范化、防疫制度化和粪污无害化，配套粪污处理利用基础设施设备，做到粪污100%有机化还田，实现垦区肉羊养殖标准化、清洁化、规模化、集约化。	垦区八个农场	33 180

续 表

序号	项目名称	建设内容	建设地点	投资（万元）
3	良种安格斯肉牛生产繁育项目	结合国家对家畜良种的扶持政策，以欧肯河农场为重点，持续引进安格斯肉牛基础母牛1 000头，与中国科学院、中国农业科学院、黑龙江农业科学院、禾牧阳光等单位建立合作借助其技术优势，加快安格斯肉牛良种繁育，探索标准化肉牛养殖技术模式，推广肉牛良种繁育技术、肉牛标准化养殖技术、性控冷配技术，提高肉牛标准化生产能力和良种覆盖率。	欧肯河农场	2 600
4	高端安格斯肉牛标准化基地建设项目	以欧肯河农场为核心，推广安格斯肉牛标准化养殖技术模式，建设肉牛标准化养殖小区7处，安格斯肉牛标准化养殖规模达到7 000头，年出栏高端肉牛5 000头以上。配套相关粪污处理设施设备，示范带动周边职工、农户开展安格斯肉牛养殖，打造高端安格斯肉牛标准化、规模化养殖基地。	欧肯河农场、甘河农场、东方红农场、古里农场、扎兰河农场	10 500
5	肉牛、肉羊精深加工项目	面向中高端市场，培育产加销一体化龙头企业1家，加强产品研发创新，推进肉牛、肉羊标准化屠宰、肉品分类分级，实施精细化分割、精深化加工、精美化包装、精准化营销，创响品牌，打造国家重要的绿色、生态、高端肉牛肉羊生产加工基地。	鄂伦春旗大杨树东工业园区	12 000

三、饲草料产业

（一）现状与问题

1. 发展现状

（1）饲草料产业发展势头良好。垦区现有可利用草场47万亩，每年可生产天然干草2万吨，但饲草质量较差，营养成分低，另外天然草地的权属不清。为促进畜牧业发展，垦区加快人工饲草料种植，2016年种植牧草8 400亩，其中紫花苜蓿1 000亩、燕麦草1 400亩、青贮玉米6 000亩。

（2）积极探索粮改饲试点。紧抓国家生态草牧业发展机遇，垦区自2014年起积极开展“粮改饲”试点，种植1 000亩苜蓿小试牛刀，2016年以巴彦农场、欧肯河农场和古里农场为试点，示范带动开展人工饲草种植。

2. 存在问题

（1）天然草场草畜失衡。垦区现有利用草场主要为河泛地、沟谷低地草甸草场，草场可食性牧草利用率为 40% 左右。随着近年来牲畜存栏量增加，草场植被严重退化，草场可食性牧草利用率降低至 20%。

（2）基础设施设备不配套。由于垦区草场确权矛盾，对草场重利用、轻管理现象突出，草原基础设施建设不完善。农作物秸秆饲料化利用的秸秆储备库、生产加工机械等基础设施设备建设滞后，导致农作物秸秆饲料化利用不足。

（3）饲草料产业化发展水平低。由于职工对粮改饲、种养结合的认识不足，当前垦区人工饲草料种植积极性低，种植、收获、加工、利用等环节技术落后，牧草品种选择、机械化推进等方面发展滞后。

（二）发展思路

按照“为养而种、以种促养、种养结合、草畜平衡”的发展思路，以人工饲料草种植为重点，构建“天然草地、人工饲草、加工饲料”三位一体现代饲草料产业体系。加快天然草地确权，多措并举推进天然草地改良，恢复提升草田可食性牧草利用率。以种植结构调整为契机，实施“藏粮于草”战略，推进“粮改饲”、农闲田种草、草田轮作，因地制宜发展燕麦草、青贮玉米等高产优质人工饲草料种植，建立粮经饲三元种植结构。推动玉米等农作物秸秆高效利用示范，示范推广青贮、黄贮和微贮等处理技术，加强对饼粕等农产品加工副产品的饲料化处理和利用。集成创新人工饲草生产加工技术，配套建设基础设施设备，采取多种形式成立草业企业，完善饲草料交易平台和物流体系建设。

（三）发展目标

到 2020 年，天然草地退化趋势得到基本遏制，草场生态环境显著改善。人工饲草料种植面积达到 5 万亩，新建饲草料储备库 2 万立方米，农作物秸秆饲料化利用率达到 50% 以上，培育饲草料生产加工龙头企业 1 家，新建 2 个饲草料加工厂。

到 2030 年，天然草地生产能力稳步提高，优质饲草种植面积达到 10 万亩，“草场增绿、牧业增效、职工增收”的现代饲草料产业体系基本建成，打造国家重要的优质饲草生产输出基地。

专栏 5-6：人工饲草产业
发展思路：紧抓国家开展粮改饲和种养结合模式试点机遇，坚持“为养而种、以种促养、以养增收”，以种植业结构调整为契机，强化科技支撑，实施“藏粮于草”战略，加强粮改饲、农闲田种草、草田轮作，大力发展燕麦草等优质人工饲草产业，推进标准化优质人工饲草生产加工基地建设。示范推广农作物秸秆饲料化处理技术，扶持培育专业化饲草料龙头企业，保障垦区养殖饲草料平衡。 **发展目标：**到 2020 年，垦区优质饲草种植面积达到 5 万亩，新建饲草料储备库 2 万立方米，农作物秸秆饲料化利用率达到 60% 以上。到 2030 年，优质饲草种植面积达到 10 万亩，饲草料储备库达到 3 万立方米，农作物秸秆饲料化利用率达到 85% 以上，培育饲草料生产加工龙头企业 1 家，饲草料加工厂 1 ～ 2 家。将大兴安岭农垦打造成为国家重要的优质饲草生产输出基地。 **重点项目：** 1. 优质饲草种植基地建设项目。结合国家开展粮改饲和种养结合模式试点，因地制宜建设优质饲草种植基地 5 万亩，科学筛选合适饲草品种，以燕麦草等优质牧草品种为重点，推进优质人工饲草种植基地建设。配套节水灌溉设施建设，推广渗灌、滴灌等节水技术和水肥一体化技术，集成饲草播种、肥料控制与田间管理技术。 2. 种养结合循环示范。以巴彦农场、欧肯河农场为重点，树立“为养而种、以种促养、种养结合”循环发展理念，示范带动周边职工、农户调整种植结构，由原来的单一粮食种植向粮经饲统筹调整，适度调减玉米种植面积，大力发展青贮玉米、燕麦草等饲草种植，促进肉牛、肉羊养殖。 3. 饲草收储加工项目。扶持培育现代饲草料产加销一体化龙头企业 1 家，配套饲草播种、收割、裹包打捆等机械设备，以及标准化规模饲草储备库、青贮窖等基础设施建设，加强饲草种植、收储、加工、储运等环节的技术探索与创新应用。

（四）重点工程

1. 天然放牧草场培育工程

进一步做好天然草地休牧和划区轮牧，推广“轮牧 + 舍饲”养殖模式，推进天然草地保护性利用。科学统筹规划，采取补播、施肥、病虫鼠害防控、封育等措施，促进退化草场植被恢复，提高天然草地生产力水平和利用效率。到 2020 年，垦区天然草地可食性牧草利用率恢复至 40%。

2. 优质饲草料基地建设工程

围绕“草畜配套、种养结合”，引导垦区职工优化调整种植业结构，加快发展人工饲草种植,积极开展粮改饲和种养结合模式试点示范,以燕麦草为主要品种,推广农闲田种草和草田轮作,建设优质人工饲草种植基地。强化科技支撑和基础设施设备配套,以巴彦农场、欧肯河农场为重点,开展玉米、大豆等农作物秸秆饲料化利用示范,示范推广牧草裹包青贮技术和玉米秸秆青贮发酵技术,提高饲草料转化利用率,促进种养结合、农牧循环发展。到2030年,建成国家重要的优质饲草料生产输出基地,农作物秸秆饲料化利用率达到50%。

3. 饲草料产业技术创新工程

围绕牧草品种选育、饲草生产加工机械研制、人工饲草病虫草害防治等制约饲草料产业发展的关键技术问题,联合国家燕麦草产业技术体系,组建由科研院所、高等院校和大兴安岭农垦构成的优质饲草料产业技术创新产学研平台,联合开展优质牧草品种选育推广、丰产栽培、节水增效、病虫草害防治、草产品加工贮藏、农作物秸秆饲料化处理技术等关键技术的研发,集成创新一批饲草料产业先进使用技术。到2030年,建成垦区饲草料产业技术创新产学研平台。

（五）重点项目

饲草料产业重点实施优质饲草料种植基地建设、饲草收集加工2个重点项目,总投资8 600万元（表5-3）。

表5-3 饲草料产业重点建设项目规划

序号	项目名称	建设内容	建设地点	投资（万元）
1	优质饲草种植基地建设项目	结合国家开展粮改饲和种养结合模式试点,因地制宜建设优质饲草种植基地5万亩,筛选合适饲草品种,以燕麦草等优质牧草品种为重点,推进优质人工饲草种植基地建设。配套节水灌溉设施建设,推广渗灌、滴灌等节水技术和水肥一体化技术,集成饲草播种、肥料控制与田间管理技术。	甘河农场、巴彦农场、欧肯河农场、古里农场	5 000
2	饲草收储加工项目	扶持培育现代饲草料产加销一体化龙头企业1家,配套饲草播种、收割、裹包打捆等机械设备,建设标准化规模饲草储备库、青贮窖等设施,形成饲草种植、收储、加工、储运体系。	巴彦农场	3 600

四、精品特色产业

（一）现状与问题

1. 发展现状

（1）特色产业蓬勃发展。2016 年垦区特色种植面积达到 12 819 亩，其中白瓜 5 086 亩、紫苏 1 359 亩、南瓜 1 771 亩、汉麻 3 003 亩、赤芍等中草药 1 400 亩、芳香植物 200 亩。特色养殖存栏 0.20 万只，以狐、貉、鹿为主，其中狐 616 只、鹿 248 头、野猪 280 头。另有蜜蜂 1 543 箱，年产蜜 67 吨。特色山珍产品年采摘 153 吨，其中榛子 87 吨、木耳 5 吨、蘑菇 61 吨。

（2）专业化水平不断提高。近年来，垦区结合各农场资源条件，因地制宜，积极推进"一场一业""一场一品"发展，形成了扎兰河农场蜂产业、宜里农场野猪产业、诺敏河农场汉麻产业、东方红蓝莓产业的发展格局。

2. 存在问题

（1）生产组织化程度低，市场竞争力弱。当前垦区职工特色种养殖仍以一家一户分散经营为主，参与合同订单的多是农场公管地，受场管地规模受限，特色种养殖产业市场竞争力弱，频繁更换种植品种现象时有发生，不利于产业做大做强。

（2）产业链条短，品牌建设滞后。当前垦区特色种养殖产业中，大多以提供原料为主，进行加工系列产品研发的较少；同时，品牌建设明显滞后，仅有"宜品健客""鹿鸣山"2 个品牌，未能将垦区特色农畜产品"优质优价"，带动职工增收。

（二）发展思路

立足大兴安岭农垦优越的特色资源优势，充分挖掘潜力、转型升级产业，念好"山字经"、唱好"林草戏"、打好"特产牌"，按照"一场一业""一场一品"，因地制宜发展蜜蜂、中草药、芳香植物等特色产业。强化招商引资，鼓励各农场积极发展订单农业，建立矮高粱、白瓜、汉麻、食用南瓜等特色种植订单原料基地。引进和培育一批技术装备水平高、经济实力雄厚、带动能力强的特色产业龙头企业，积极联合科研院所、高等院校开展产品质量检测、标准体系制定以及精深加工技术研发等方面的技术合作，健全"龙头企业 + 基地""龙头企业 + 合作社 + 职工（农户）"等利益联结机制，建设规模化、集约化、标准化特色种养基地。鼓励开展"三品一标"认证和质量追溯体系建设，实施品牌培育工程，推进特色农畜产品网络销售平台建设，把地方特色小品种和土特产做成带动职工（农户）增收的大产业。

蜂产业：以扎兰河农场杂花蜜为主推品种，加快蜂产品检测分析，推进蜂产品生产加工技术标准制定与完善，培育彰显“纯天然、绿色”品质的蜂产品品牌，打造大健康产业。

（三）发展目标

到 2020 年，基本形成“一场一业”“一场一品”的特色产业格局。垦区中药材种植达到 2 000 亩，汉麻种植达到 10 000 亩，芳香植物种植达到 1 000 亩，白瓜达到 7 000 亩。蜂箱达到 10 000 箱，特色养殖存栏达到 1.6 万头（只）。培育 2 ～ 3 个特色产品品牌，建成特色产业龙头企业 1 ～ 2 家。

到 2030 年，打造“全国优质蜂蜜基地”“中国蓝莓之乡”“汉麻原料基地”“大兴安岭野猪之乡”“籽用白瓜原料基地”“中药材生产加工基地”，争创国家级特色农产品优势区、全国特色食品基地。

<table>
<tr><td>专栏 5-7：蜂产业</td></tr>
<tr><td>发展思路：按照“科技支撑、产业延伸、品牌强化、精致发展”的发展思路，依托大兴安岭丰富的森林蜜源植物优势，以扎兰河农场为重点，强化科技支撑，完善标准化生产管理制度，构建全产业链质量安全控制体系，加强差异化、多元化、高附加值蜂产品的研发与创新，培育蜂产业产加销一体化龙头企业，推进蜂产业休闲养生，打造全国优质蜜源基地，争创特色蜂产品优势区，将“小蜜蜂”做成农民增收的“大产业”。
发展目标：到 2020 年，蜜蜂养殖达到 3000 箱，蜂产品可追溯系统基本建立；到 2030 年，蜜蜂养殖达到 10000 箱，蜂产品实现全部可追溯、质量分级，培育蜂产业化重点龙头企业 1 家，打造大兴安岭农垦蜂产业明星产品 1 ～ 2 个，建成全国优质蜂蜜基地，争创特色蜂产品优势区。</td></tr>
<tr><td>重点任务与项目：
1. 养蜂基地建设。充分利用大兴安岭“大森林”生态优势，以扎兰河农场为重点，加快制定完善科学高效的蜜蜂养殖技术管理模式，积极推广规模化、养强群、生产成熟蜜的先进技术，扶持培育一批标准化、规模化、成熟蜜示范户或蜂场，建立养蜂日记，健全养殖档案，构建质量可追溯体系，把蜂产业的产前、产中、产后纳入标准化管理轨道，打造优质蜜源基地。
2. 蜂产业技术支撑。充分挖掘扎兰河农场优质蜜源研发、利用价值，加快与中国农科院蜜蜂所、吉林省养蜂科学研究所科研院所对接，联合开展蜜蜂标准化养殖、蜂产品质量分级与标准制定、精深加工品开发等技术攻关，增设博士后流动站、高校试验基地等，增强垦区蜂产业市场竞争力。</td></tr>
</table>

续 表

3. **蜂业龙头企业培育**。以扎兰河农场优质蜜源为基础，加快培育蜂产品龙头企业，采用“蜂农 + 合作社 + 龙头企业”经营模式，严控蜜蜂养殖技术标准和上市蜂蜜质量标准，围绕本地蜂蜜优势特色，培育打造 1 ～ 2 个蜂蜜明星产品。 4. **蜂业休闲养生**。结合农业休闲观光旅游，借助于扎兰河农场周边优良的生态环境，建设蜜蜂养生谷。依据集中采蜜周期，探索发展蜜源植物观光、养蜂放蜂体验、蜜蜂文化科普教育、蜂产品加工参观体验等新型业态，以“小蜜蜂”孵化“大产业”。

（四）重点工程

1. 特色种养基地建设工程

立足垦区冷寒气候和黑土地等资源优势，通过招商引资、扶持培育龙头企业等，加快建立“龙头企业 + 基地，基地连接职工、农户”“龙头企业 + 合作社 + 职工（农户）”的经营模式，因地制宜，推进蜜蜂、汉麻、中药材、籽用白瓜、芳香植物、蓝莓、山野菜、野猪以及狐、貂、鹿等特色种养殖基地建设。严把产业生产技术标准，以规模化、集约化、标准化推进特色农产品优势区建设。到 2030 年，建成全国特色农产品基地、中国蓝莓之乡、全国优质蜜源基地、汉麻原料基地、大兴安岭野猪之乡、籽用白瓜基地、中药材生产加工基地。

2. 特色种养技术支撑工程

积极联合中国农业科学院、中国科学院、黑龙江省农业科学院、中国农业大学、东北林业大学等科研院所、高等院校搭建产学研推合作平台，通过建立院士工作站、博士后流动站、科研实践基地等方式，推进野猪繁育及野猪肉产品开发、蜂产品加工研发、中药材检测与药用开发、蓝莓及芳香植物深加工等方面的联合技术攻关。加快特色农产品生产加工技术标准的制定与完善，建立健全产品追溯体系，强化技术培训指导，形成品种良种化、生产标准化、加工精细化、产品品牌化的特色产业技术体系。到 2030 年，建成特色产业产学研推合作平台，生产技术体系标准初步形成。

3. 特色产业化推进工程

以蜂产品开发、汉麻深加工、中药材加工等为重点，引进和培育一批大型特色农产品精深加工企业，通过整合资源、建设基地、精深加工项目开发等，壮大一批技术装备水平高、经济实力雄厚、带动能力强、影响面广的特色产业龙头企业，做精做细做强垦区特色产业。依托“呼伦贝尔品生态”集体商标，强化品牌培育，做好扎兰河农场蜂产品、宜里农场野猪和山野菜、诺敏河农场汉麻等特色农产品品牌的创建与宣传。鼓励发展山珍体验、中药材养生保健、特色果品采摘等农业休闲观光项目，打造垦区新的经济增长点。到2030年，培育特色产业龙头企业1～2家，引领垦区特色经济发展。

4. 特色农产品电子商务建设工程

充分利用互联网技术和手段，推进大兴安岭农垦特色农产品电子商务平台建设。以白瓜子、蜂产品、山野菜、蓝莓、中药材、芳香植物精油等特色农产品重点，以农垦鲜佰汇微商为基础，加强与阿里巴巴、京东、百度每日优鲜、1号店等大型电商平台的合作，推进大兴安岭农垦天猫旗舰店、京东农垦店等平台的搭建。依托垦区铁路物流专线，加快大兴安岭农垦电子商务产业园建设，吸引特色农产品加工企业、合作社、云计算公司、金融机构、贸易公司等企业进驻，开展线上交易及服务，打造全产业链、一站式服务的电子商务生态圈，助推特色产业转型升级。到2030年，建成大兴安岭农垦特色农产品电子商务平台。

（五）重点项目

精品特色产业重点实施养蜂基地建设、蜂业龙头企业培育等3个重点项目，总投资3 100万元（表5-4）。

表5-4 精品特色产业重点项目

序号	项目名称	建设内容	建设地点	投资（万元）
1	养蜂基地建设	充分利用大兴安岭“大森林”生态优势，以扎兰河农场为中心，建设标准化蜂产品生产基地，到2030年养蜂规模达10 000箱。加快推广科学高效的蜜蜂养殖技术管理模式，扶持培育一批标准化、规模化、成熟蜜示范户或蜂场。强化质量监管，建立养蜂日记，健全养殖档案，构建质量可追溯体系。	扎兰河农场	800

续 表

序号	项目名称	建设内容	建设地点	投资（万元）
2	蜂业龙头企业培育	以扎兰河农场养蜂基地为基础，培育1家蜂产品加工企业，采用“蜂农+合作社+龙头企业”的产加销一体化经营模式，形成市场带加工、加工连基地、基地促蜂农的高效产业链。强化品牌建设，培育和打造明星产品，提高产品质量和附加值。	扎兰河农场	1 800
3	中药材种植基地建设	因地制宜，以基地建设为主，发展标准化、规模化中药材种植基地1万亩；以庭院种植为辅，发展中药材种植2 000亩。	垦区八个农场	500

五、绿色蔬菜产业

（一）现状与问题

1. 发展现状

蔬菜生产稳步推进。2016年垦区蔬菜种植面积705亩，产量达289吨。其中，设施蔬菜200亩，冷棚187个、暖棚7座；露地蔬菜505亩，产量达207吨。

2. 存在问题

基础设施建设滞后。由于垦区属寒温带大陆性季风气候，无霜期短、冬季漫长寒冷，蔬菜常年供应需要建设日光温室等设施。当前垦区设施主要以冷棚为主，冬季无法使用；暖棚造价高、使用成本大，亟须节能日光温室建造与生产技术推广应用。

（二）发展思路

按照发展休闲观光采摘和满足本地“菜篮子”需求，以“高产、优质、高效、生态、安全”为目标，大力发展设施蔬菜和庭院露地蔬菜种植。以科学高效利用农业自然资源和提高设施蔬菜生产能力为核心，完善设施蔬菜基础设施建设，发展高效节能型日光温室，建立优质绿色蔬菜生产基地（园）。加快科技创新和科技成果普及推广，大力推广绿色高效栽培模式，提高设施蔬菜技术管理水平，切实保障本地蔬菜产品均衡供应和休闲观光采摘需求。积极开展“三品一标”认证，实施优质绿色蔬菜（瓜果）品牌培育工程。以庭院露地蔬菜为主要的收储来源，改造、新建蔬菜储藏保鲜库，实现蔬菜错季上市，提高本地蔬菜自给率。

（三）发展目标

到 2020 年，垦区蔬菜（含设施蔬菜）种植面积达到 0.2 万亩，其中设施蔬菜 500 亩。优质绿色蔬菜基地（园区）建设取得重大突破，绿色、有机蔬菜认证面积占比达到 20% 以上。建成标准化露地蔬菜生产基地 3 处、设施蔬菜园区 5 处。

到 2030 年，建成寒温带高效设施蔬菜园区 1 ～ 2 处，建成齐齐哈尔以北地区最大的蔬菜、瓜果生产基地。

（四）重点工程

1. 绿色蔬菜基地建设工程

按照统一规划、合理布局、集中连片的原则，以标准化露地蔬菜生产基地和设施蔬菜园区建设为抓手，开展标准化生产创建活动，推进现有设施升级换代和提质增产增效，新建一批基础设施标准高、科技含量高、管理水平高、经济效益好的标准化蔬菜生产基地，推广“节肥、节药、节水”等绿色高效栽培管理技术。标准化露地蔬菜生产基地以夏秋冷凉蔬菜为主，种植茄果类、瓜类、叶菜类等蔬菜；设施蔬菜园区主要种植茄果类、瓜类等喜温果菜，重点发展休闲观光采摘。到 2030 年，建成齐齐哈尔以北地区最大的蔬菜、瓜果生产基地。

2. 蔬菜生产技术服务工程

联合中国农业科学院蔬菜所、黑龙江省农业科学院、内蒙古农牧科学院、内蒙古农业大学等科研院所和高等院校，搭建东北寒温带蔬菜产业技术产学研合作平台。加强耐寒蔬菜新品种引进与培育、工厂化育苗、设施环境调控、轻简栽培技术等关键技术的科研攻关，推进规模化设施蔬菜园区农业物联网服务平台建设。完善蔬菜产业科技推广应用体系，组织开展科技培训与指导，示范推广集成创新新品种、新技术，提高蔬菜生产能力。到 2030 年，建成农业物联网应用设施蔬菜园区 1 ～ 2 处。

（五）重点项目

绿色蔬菜产业重点实施设施蔬菜种植基地、蔬菜储藏保鲜设施 2 个重点项目，总投资 2 500 万元（表 5–5）。

表 5–5 绿色蔬菜产业重点项目

序号	项目名称	建设内容	建设地点	投资（万元）
1	设施蔬菜种植基地建设项目	建设高效设施蔬菜基地200亩，改造升级现有基础设施，配套高效节能型日光温室和防寒保温、水肥一体化、供电等基础设施，示范推广“节肥、节药、节水”绿色防控集成技术，满足周边菜篮子需求。	甘河农场、巴彦农场、东方红农场和夏日小镇	500
2	蔬菜储藏保鲜设施建设项目	提升改造原有蔬菜储藏设施200处，因地制宜新建蔬菜储藏保鲜库5处，实现错季上市。	甘河农场、巴彦农场、东方红农场、鄂伦春旗大杨树东工业园区	2 000

六、加工与物流产业

（一）现状与问题

1. 发展现状

（1）农畜产品加工初具规模。垦区农畜产品加工企业 4 家，其中垦区所属及参股的有兴安绿源大豆加工和荣垦食品肉类加工，民营及场办企业有东方红面粉厂和欧肯河绿元淀粉。已同海天酱油、山东禹王、南京农垦、四川叙府等加工企业建立良好合作关系，达成初步合作协议。

（2）仓储物流基础良好。垦区现有 6 个临储库点，标准仓容达到 34.1 万吨，配套仓储设施、机械设备、检化验仪器等，2016 年全部完成安全生产三级标准化评审。其中兴安绿源、粮食储运中心有专用铁路线与嫩林铁路衔接，并入全国铁路干线网。公路 111 国道、加嫩一级公路与各库点相连，交通便捷。

2. 存在问题

（1）带动能力强的龙头企业少。目前，垦区 4 家农畜产品加工企业中仅兴安绿源为自治区农业产业化重点龙头企业，但是该企业处于半停产状态，龙头企业发展后劲不足，带动能力不强。

（2）农产品加工水平有待提高。垦区农畜产品加工主要停留在初级加工阶段，产品结构单一、加工链条短、附加值低、科技含量低、精深加工产品少。企业多处于停产半停产状态，亟须整顿。

（3）物流体系建设滞后。尽管垦区拥有良好的仓储物流设施，但尚未建立起完善的农畜产品物流体系。仓容依靠国家临储指标，经营结构单一，铁路专线未能得到有效利用。

（二）发展思路

按照“以农为本、转化增值、集聚发展、融合互动”的发展思路，立足特色、提升质量、创建品牌，以市场需求为导向，以制度、技术和商业模式创新为动力，以信息技术为支撑，以农畜产品加工产业集群和垦区大物流建设为抓手，完善利益联结机制，大力发展优质原料基地和加工专用品种生产，积极推动科技研发、电子商务等平台建设，以大豆、杂粮、肉牛肉羊加工为重点，培育优势产业集群，引导农产品加工从数量增长向质量提升、从要素驱动向创新驱动、从分散布局向集群发展转变。推进冷链物流、智能物流等设施建设，培育集专用品种、原料基地、加工转化、现代物流、便捷营销为一体的农产品加工园区。结合特色小镇建设，打造产业融合先导区，不断增强产业竞争力。

加工产业：以大豆、杂粮、肉牛肉羊加工等为重点，创新投融资模式，引进和培育一批全产业链行业领军龙头企业，筛选一批成熟适用加工技术、工艺和关键装备，开发营养均衡、养生保健、食药同源等精深加工产品。强化食品安全控制、追溯、HACCP、“三品”认证，打造一批安全优质的农产品加工品牌。充分利用大数据、物联网、云计算、移动互联网等信息技术，培育发展网络化、智能化、精细化现代加工新模式，积极发展电子商务、农商直供、加工体验、中央厨房等新业态。

物流产业：以建设垦区仓储物流中心，打造垦区国际大粮商为重点，依托垦区丰富的农产品资源、34 万吨临储仓容设施和两条铁路专用线，加强与竞争力强的大型专业物流企业合作，搭建专业化运营平台，应用推广“互联网 +”模式，发展广泛覆盖的智能物流配送，辅助推进垦区大宗粮油商品交易、特色农畜产品销售等，建设集农产品交易、物流、增值加工、物流金融、市场信息等于一体的现代农畜产品物流体系。

（三）发展目标

到 2020 年，农畜产品加工转化率达到 65%，自治区级农业产业化龙头企业达到 1 家。产业结构布局进一步优化，关键环节核心技术和装备取得较大突破，行业整体素质明显提升。垦区农畜产品仓储物流园建成运营，培育 1 ～ 2 家经济实力雄厚、核心竞争力强的大型物流企业，物流园区集聚效应初步显现。

到 2030 年，建成覆盖粮油、肉类、饲草料、特色农畜产品等主导产业，产业链条完整、产品丰富、科技含量高的农畜产品加工产业集群。将大兴安岭农垦打造成为国际大粮商和齐齐哈尔以北重要的物流服务基地。

（四）重点工程

1. 科技创新驱动工程

以大豆、杂粮、蜂产品、牛羊肉加工为重点，强化协同创新机制，依托吉林巨润集团、呼伦贝尔宝生制酒、禾牧阳光等企业，以及国家杂粮工程技术研究中心、中国农业科学院、黑龙江省农业科学院等科研院所，搭建科企技术对接平台，围绕农产品加工重点领域开展基础研究、前沿研究和共性关键技术研发，加大生物、工程、环保、信息等技术集成应用力度，积极开发营养健康的功能性食品。结合垦区农作物生产，加快新型非热加工、新型杀菌、高效分离、绿色节能干燥和传统食品工业化关键技术升级与集成应用，开展信息化、智能化、成套化、大型化精深加工装备应用，打造农产品加工技术集成基地。

2. 融合发展带动工程

立足垦区资源优势和特色，以农产品加工业为引领，依托鄂伦春旗工业园区，坚持集聚发展和融合互动，建立多形式利益联结机制，探索推广“龙头企业 + 基地 + 职工”的组织模式，加快延伸农业产业链，扶持企业前延后伸建设标准化原料基地、集约化加工园区、体系化物流配送和营销网络“三位一体”、有机衔接、相互配套、功能互补、联系紧密的农产品加工产业集群。以资产为纽带，以创新为动力，通过产业间相互渗透、前后联动、要素聚集和跨界配置，实现各产业有机整合、紧密相连、一体推进，实现产业链条和价值链条延伸、产业范围扩大、产业功能拓展和农民就业增收。结合特色小镇建设和农业休闲观光业发展，配套建设工业旅游走廊和加工体验区，创建农产品加工园区和产业融合先导区，打造农业产业化示范基地。

3. 质量品牌提升工程

大力提升标准化生产能力，制定和完善原料基地、加工转化、物流配送等关键环节的质量控制标准，推行标准化生产。鼓励各加工企业开展先进的质量管理、食品安全控制等体系认证，逐步建立全员、全过程、全方位的质量管理制度，实现整个农产品加工园区的全程质量管理和控制。进一步提升技术装备创新能力，扶持和引导企业开展原始创新和引进吸收再创新。加快提升品牌培育创建能力，创响“呼伦贝尔品生态”集体商标，鼓励和引导企业建立农垦特色品牌，加大品牌宣传力度，培育一批展示大兴安岭农垦特色的品牌。

4. 现代物流体系建设工程

立足垦区临储仓容和铁路专用线，依托鄂伦春旗工业园区，联合呼伦贝尔农垦商贸公司、中铁集团，因地制宜，科学规划，加快建设垦区仓储物流中心。积极与广东海天、四川叙府、山东禹王、南京农垦、秦皇岛益海等企业合作，推进大豆、小麦、高粱、玉米、杂粮等农产品商贸物流，加强农畜产品收购、仓储、流通、销售环节质量标准控制，打造呼伦贝尔农畜产品集散地和中转站。加快推进大数据、物联网、云计算、移动互联网等新一代信息技术向农业经营、加工、流通领域的渗透和应用，创新农产品流通方式和业态，打造农产品、加工产品、农业休闲旅游商品及服务的网上营销平台。探索推进垦区粮食银行服务、托管服务、专项服务，打造农垦国际大粮商和垦区大物流。

（五）重点项目

加工与物流产业重点实施百万吨大豆深加工、杂粮加工产业园等 4 个项目，总投资 487926.62 万元（表 5–6）。

表 5–6　加工与物流产业重点建设项目规划

序号	项目名称	建设内容	建设地点	投资（万元）
1	百万吨大豆深加工项目	依托垦区优质非转基因大豆种植，利用吉林巨润集团强劲的深加工技术力量和市场，分两期实施全产业链百万吨大豆深加工项目。包括年产 15 万吨大豆油、年产 20 万吨功能性大豆蛋白肽、年产 5 万吨大豆低聚糖肽粉及年产 150 万吨日本酱油。	鄂伦春旗大杨树东工业园区	48 179.3

续 表

序号	项目名称	建设内容	建设地点	投资（万元）
2	杂粮加工产业园项目	依托国家杂粮工程技术研究中心为技术支撑，培育技术装备先进、市场发展潜力大、发展后劲足的杂粮加工产业龙头企业，建设杂粮初加工及深加工生产线，实现年产精选杂豆 1 350 吨、α－快熟杂粮 150 吨；年产杂粮营养即食食品 1 200 吨、日加工 10 吨主食化杂粮食品；3 万吨芸豆精深加工；日处理 10 吨精制燕麦米加工和日处理 1 吨燕麦麸皮综合利用。	鄂伦春旗大杨树东工业园区	9 627.32
3	年产 2 万吨小麦（石磨）面粉加工项目	依托垦区优质绿色小麦生产基地，采用传统石磨加工工艺，建设日处理 80 吨优质小麦生产线，实现年产小麦（石磨）专用粉 20 000 吨。一期建设年产 5 000 吨小麦（石磨）面粉；二期建设年产 15 000 吨小麦（石磨）面粉生产和年产 5 000 吨饲料加工生产线；形成产业链的循环经济模式。	鄂伦春旗大杨树东工业园区	5 120
4	垦区物流体系建设项目	依托垦区临储仓容和铁路专用线，引进培育现代物流企业 1～2 家，配套建设冷库、检测中心等储存、保鲜、质量检测专业设施，发展“互联网＋农产品”新型流通模式，建设可追溯的、集农产品交易、物流、加工、市场信息等于一体的综合性农产品物流园区，满足垦区农产品交易与农垦大粮商的物流需求。	夏日小镇	15 000

第六章

资源环境可持续发展

一、黑土地保护治理

（一）现状与问题

1. 现状

根据2007年实施的测土配方施肥项目调查结果，垦区范围内共有8个土类，14个亚类，27个土属，62个土种。有黑土、暗棕壤土、草甸土和沼泽土等四类土壤，从丘陵顶部向下到常年积水地段，土壤呈垂直分布，顺序依次为暗棕壤—黑土—草甸土—沼泽土。垦区以黑土为主，是世界著名的三大黑土带之一，广泛分布于漫岗或丘陵下部的山脚洪积扇和洪积裙地段上，植被为“五花草塘”。耕地的90%为黑土，黑土层厚30～60厘米，具有结构良好、土壤湿润、自然肥力高、保肥力强等理化特点，有机质含量在5%～9%。垦区20年来坚持开展深松整地保护性耕作，秋季深松或联合整地，打破犁底层，疏松土壤，要求各农场必须三年深松一次。

耕地有机质含量比较高。耕地土壤的有机质平均含量为70.4克/千克（比全国平均26.9克/千克高出43.5克/千克），变幅23.5～132.4克/千克，含量38.5～69.8克/千克的面积73.7万亩，占耕地总面积64.1%，69.8～112.8克/千克的面积41.1万亩，占总面积35.72%，两者占到99%以上。

耕地土壤的全氮含量较高。土壤全氮含量平均为3.69克/千克(比全国平均1.55克/千克高出2.14克/千克)，变幅1.0～6.7克/千克。含量1.46～2.70克/千克的面积16.1万亩，占总面积14.02%，2.7～4.4克/千克的面积85.6万亩，占总面积74.4%，两者大约占90%。

耕地土壤的有效磷含量较高。土壤有效磷平均含量35.42毫克/千克（比全国平均16.8毫克/千克高出17.62毫克/千克），变幅10.00～124.78毫克/千克。含量15.21～29.35毫克/千克的面积52.4万亩，占45.55%。29.35～49.67毫克/千克的面积46万亩，占40%，大于49.67毫克/千克的面积9.4万亩，占8%。

耕地土壤的速效钾含量较高。土壤速效钾平均含量为210毫克/千克，变幅64～593毫克/千克，含量主要集中在112～248毫克/千克，面积93.9万亩，占总面积81.6%，大于248毫克/千克的面积19.9万亩，占总面积17.3%。

2. 问题

耕地“由肥变瘦”。长期掠夺式经营，只种地、不养地，大量施用化学肥料，导致了黑土地土壤团粒结构遭到破坏，蓄水保水能力下降，土壤有机质含量逐年下降，氮、磷、钾养分比例严重失调。近几年土壤化验数据与 1982 年第二次土壤普查结果对比，少部分耕地土壤有机质含量已降到 47.2 克 / 千克，土壤全氮降到 2.36 克 / 千克；62.7% 的耕地土壤缺硼，耕地土壤钼含量全部低于临界值 0.15 毫克 / 千克。

耕地“由软变硬”，土壤板结现象加重，耕作阻力随之加大。长期不施有机肥和盲目过量施用化肥造成土壤板结，大部分耕地犁底层厚度达 10 厘米以上，耕作阻力随之加大。

耕地“由厚变薄”，由于垦区属于浅山丘陵区的地形地貌，夏季降雨集中，以及人为毁林毁草开荒，导致丘陵漫岗和低洼易涝耕地易受水蚀和风蚀侵害，水土流失日趋严重，土壤抗蚀能力减弱。耕层厚度越来越薄，少部分耕地有效耕层厚度在 25 厘米左右，与 1982 年第二次土壤普查时相比厚度降低 5 厘米。

土壤砾石严重影响耕作。鄂旗境内的 42 万亩耕地大部分田间砾石较多，1 立方米石块数量在 10 ～ 20 块（一方土半方石），直径主要在 3 ～ 5 厘米，大的可达 15 厘米以上，分布在 30 ～ 50 厘米的耕层之内。造成土壤贫瘠，严重影响播种质量，抑制作物的发芽、扎根、生长与发育。导致耕整地机械作业无法正常进行，对作业机械（深松犁、旋耕机等）造成破坏性的影响。

（二）总体思路

改进耕作制度，改顺坡种植为机械起垄横向种植，改长坡种植为短坡种植，改自然漫流为筑沟导流，在低洼易涝区修建条田化排水、节水排涝设施；建设有机肥工厂、生产场、堆沤池，推动畜禽粪便及秸秆等有机废弃物还田，推进深耕深松整地作业、保护性耕作和水肥一体化技术，提高黑土地有机质含量和蓄水保墒能力。推行粮豆轮作、粮草（饲）轮作和种养循环模式，完善农田防护林网。通过推广测土配方施肥、施用有机肥料、秸秆还田和大豆与玉米轮作或套种栽培模式，改善土壤养分构成，培肥地力。

（三）发展目标

到 2020 年，通过综合治理工程的实施，有效减少黑土层养分流失，打造呼伦贝尔黑土地质量提升示范区。试点区域内耕地质量提升 0.5 个等级以上，土壤有机质含量提高 5 个百分点，降水利用率、水分利用效率、肥料利用率明显提升。清理砾石 30 万亩，有机肥改良土壤面积 125 万亩，深松整地 120 万亩。

到 2030 年，垦区种植制度更加合理、大型农机具综合配套、耕地质量显著提升、耕层结构显著改善、土壤保水保墒保肥能力显著提高，耕作层恢复到 20 ～ 25 厘米，探索出一批可复制、可推广的黑土地治理与保护相结合的生产模式与技术体系。

（四）重点工程

黑土地保护治理示范区工程。在丘陵漫岗区，建设 8 个黑土地保护示范区，每个示范区 5 万亩，共计示范面积 40 万亩。开展坡耕地土壤侵蚀治理、低洼易涝区农田排水治理，配备水肥一体化、秸秆还田、深松整地等设施机械，推广秸秆还田、深松耕作、增施有机肥、测土配方施肥等适用技术，因地制宜建设有机肥堆沤场、小型配肥站、大型配肥中心等基础设施。

深松整地工程。结合农机专业合作社等社会化服务组织，补贴购置大型动力机械配套深松机等机具，对耕地进行整地作业，通过秋季深松或联合整地，打破犁底层，疏松土壤，增强土壤蓄水保墒能力，提高土壤通透性，确保土壤水、气、热等物理性状良好，使耕作层恢复到 20 ～ 25 厘米。各农场必须三年深松一次。深松总规模 120 万亩。

土壤有机质提升工程。结合农机专业合作社等社会化服务组织，补贴购置秸秆还田、秸秆打捆机 50 台套，以政策引导的方式鼓励在项目区耕地实施秸秆粉碎还田、秸秆打捆、使用有机肥。建设有机肥堆沤场 8 个，有机肥有氧生物发酵池 40 处，每个农场建设 5 个大型有机肥有氧堆积发酵池。利用酵素菌技术，产生多种催化分解酶的有益微生物群体，推动秸秆快速腐熟，生产酵素菌生物有机肥，有效解决土壤板结，加快秸秆还田，提升黑土地有机质含量。

黑土地保护技术模式探索工程。开展技术攻关，建立低山丘陵黑土地保护养育综合配套模式技术体系、缓坡漫岗与平川甸子黑土保护养育综合模式技术体系，形成可操作、能推广、适宜当地黑土地保护利用的技术模式。开展耕地休耕与转化试点万亩，探索建立玉米—大豆—玉米、粮草饲轮作休耕技术模式，推广应用农田轮作休耕保护性耕作制度。

耕地监测体系建设工程。建立耕地质量评价制度和预警体系、黑土地耕地质量动态监测网络体系，长期开展耕地质量动态变化监测。加强耕地土壤现状调查监测评估，开展农产品产地环境普查监测和划分。对轮作耕地地块进行定位，定期监测和评价轮作耕地质量，建立数据库，做好数据积累和分析工作，形成轮作耕地质量变化的基础数据。

农田砾石清理工程。引进进口农田砾石捡拾机械，对垦区砾石耕地进行清理改良。机械化清理农田砾石，增大土壤孔隙率和含水率，提高土壤蓄水保墒能力，便于农田耕作、播种和田间管理，实现农业生产机械化和专业化，把低产田变为高产田。

（五）重点项目

黑土地保护治理重点实施耕地质量保护与提升、黑土地保护利用试点和耕地休耕轮作试点 3 个项目，总投资 4.75 亿元（表 6–1）。

表 6–1 黑土地保护治理重点项目

序号	项目名称	建设内容	建设地点	投资（万元）
1	耕地质量保护与提升项目	针对垦区退化耕地，全面开展土壤改良、地力培肥和养分平衡，提高耕地基础地力和产出能力。实施耕地深松、秸秆还田、绿肥种植、有机肥应用、酸化土壤改良。推广粮饲轮作；实施改垄、修建等高地埂植物带、推进等高种植和建设防护林带等措施，防治水土流失。	全局八个农场	40 000
2	黑土地保护利用试点	实施面积 40 万亩，重点推广低山丘陵黑土地保护养育综合配套模式、缓坡漫岗与平川甸子黑土保护养育综合模式，开展技术研发及耕地质量动态变化监测及预警工作。	全局八个农场	6 000
3	耕地休耕轮作试点	开展耕地休耕与轮作试点 1 万亩，实施玉米与大豆轮作，争取自治区每年每亩 150 元补助，建立轮作示范区，探索建立玉米、大豆、玉米轮作休耕可持续耕作技术模式。	诺敏河、扎兰河、宜里、古里、东方红	1 500

二、水土流失与水打沟治理

（一）现状与问题

1. 现状

垦区地处大小兴安岭与松嫩平原的过渡地带，多低山丘陵，加之近年来，由于土地不断升值，开荒占地现象普遍，毁林毁草严重，植被遭到严重破坏，造成了大量水土流失，形成多条“水打沟”。目前，垦区境内水土流失现象日益加重，“水打沟”数量呈增加态势，侵蚀面积不断扩大，对耕地、公路以及房屋的侵害程度不断加剧，成为垦区较为严重的农田病害之一，已严重制约了垦区农业可持续发展，并直接影响职工收益，亟须进行有效治理。根据统计垦区境内近 78% 的耕地内不同程度存在冲刷沟，深度在 1.0 ～ 1.8 米之间，面积占耕地总面积的 50% 左右。“水打沟”分为大、中、小三种类型。长度在 100 米以上的为“大型沟”，长度在 50 至 100 米之间的为“中型沟”，长度在 50 米以下的为“小型沟”。据调查，垦区境内有大型沟约 719 条，占总数的 30% 左右；中型沟约 480 条，占总数的 20% 左右；小型沟约 1198 条，占总数的 50% 左右。“水打沟”按发展速度可划分为“发展沟”和“稳定沟”两种。发展速度较快的为“发展沟”，约占 70%；发展速度较慢或不再发展的为“稳定沟”，约占 30%。

2. 问题

“水打沟”造成严重的水土流失和土壤有机质流失，土壤板结，土壤沙化，地力减退。较强的冲刷造成耕地肥沃的表土逐年流失，少数地块石头外露、土石参半，变成了“黄土橛子” “破皮黄” “火烧云”。沟壑纵横交错使农业生产用地被切割得支离破碎，严重影响农业机械化生产作业，粮食减产，肥料投入增多，农业生产成本提高，影响农业生产的可持续发展。

“水打沟”治理难度较大，费用较高。目前治理的“水打沟”都是以大中型为主，平均治理一条大中型“水打沟”需要资金大约 10 万元，特大型的需要几十万元。

（二）总体思路

对于坡度小于 15° 的水打沟采用改横坡垄，筑截流埂、地边埂，沟头防护小坝；用链轨车、推土机等机械进行平整，用挖掘机清淤；向沟中填充石头、沙袋、秸秆等进行封堵平整，用人工挖掘进行改道等办法进行治理。

对于坡度大于 15° 的水打沟，地面径流落差到了水土流失的临界点，耕作导致水土流失加重，土壤贫瘠加剧，投入大，产出小，投入产出失衡，植树造林、种草，保护植被防止水土流失。

（三）发展目标

打造大兴安岭农垦及周边地区水打沟治理的示范样板。

到 2020 年，完成 3.5 万亩水打沟治理。

到2030年，共完成5万亩水打沟治理。

（四）重点工程

坡耕地保护工程。选择丘陵漫岗坡耕地100万亩实施土地平整、黑土回填、配套田间道路、种植生物篱带、灌排设施和沟渠建设。

植树种草源头拦截治理工程。植造水保林、护坡林和种树种草，在坡顶、沟内谷坊周边植造杨树、柳树、草地等为主的防护林和防护草场。建筑堤坝，源头有效拦蓄沟壑上游汇水，减少减缓水量和流速，有效缓冲冲刷。

沟头、沟内、沟体三位一体治理工程。沟头进行整形砌护，防止沟头进一步加深、延伸、扩大。沟内修建阶梯式石谷坊和土谷坊，进一步削弱汇水流速，沉积水中泥沙，增强沟体稳定，减轻耕地或河道淤积。对沟体两侧进行削坡，防止沟岸进一步坍塌，削坡整形后，周边营造水保林，达到稳固保土保水的作用。

（五）重点项目

水土流失“水打沟”治理项目总投资3亿元，在全垦区8个农场实施，治理面积5万亩（表6-2）。

表6-2　水土流失“水打沟”治理重点项目

序号	项目名称	建设内容	建设地点	投资（万元）
1	“水打沟”治理项目	通过回填土方，沟头砌护、削坡整形，修建谷坊、跌水、植造防护林，种草护坡等工程措施，实施“水打沟”治理5万亩。	垦区八个农场	30 000

三、农业废弃物资源化利用

大兴安岭农垦农业废弃物主要是农作物秸秆、畜禽粪污和农药包装废弃物，具有“量大、面广，用则利，弃则害”的特点，未实现资源化利用和无害化处理的农业废弃物乱堆乱放、随意焚烧，成为农业面源污染的主要污染源，给周边生态环境造成严重影响。同时，农业废弃物是农业生产的“另一半”，是放错了地方的资源。近年来，农垦积极推动农作物秸秆和畜禽粪污资源化利用，化害为利、变废为宝。

（一）现状与问题

1. 现状

秸秆：垦区年产秸秆量30万吨，受生产条件、气候条件、职工观念和资金限制，约有2/3的秸秆白白浪费掉，利用率很低。秸秆利用主要有3种方式：一是秸秆还田培肥地力。玉米秸秆主要通过大型收获、粉碎一体化机械还田，建设有氧发酵设施，回收秸秆和牲畜粪便，集中实施秸秆有氧发酵制作有机肥，将发酵后的有机肥还田，培肥地力。二是秸秆过腹养畜。大豆豆荚和豆皮用于牛羊养殖饲料，过腹后还田。三是秸秆供热。部分秸秆用于职工做饭、取暖原料。

畜禽粪污：畜禽粪污主要以堆积发酵还田为主，巴彦农场种羊园建立自动清粪系统，清除的粪污通过酵素发酵堆积处理还田，减少了环境污染，消灭了病源。

农药包装废弃物：垦区强化农药包装废弃物回收处理监管考核，在各个生产队设置加水加药处理点，并放置集中处理垃圾箱，将回收的废弃农药包装物采取收集焚烧或集中掩埋的方式处理。

2. 存在问题

秸秆利用方式过于单一。由于农垦气温较低，腐熟时间短，玉米秸秆粉碎还田后不能及时腐熟，还需要耙出大部分粉碎的秸秆堆放田间地头。小麦秸秆打捆后也只能堆放在地头，很少得到有效利用。小部分大豆秸秆用于养殖业。职工对秸秆资源化利用认识不足，除了部分秸秆还田之外，其他大部分作为燃料用于家庭做饭使用。

秸秆回收处理成本高。目前，玉米秸秆每亩回收约150元，大豆秸秆约60元，小麦约100元，再加上建设发酵池、配粉碎器和翻动机械、烘干肥料、存储秸秆设施等费用，每亩秸秆处理费用高达260元左右，严重制约了农垦和广大种植户回收利用农作物秸秆的积极性。

秸秆利用途径少，利用率低。秸秆综合利用主要有“饲料化、肥料化、燃料化、基料化、原料化”5种利用途径。2015年，全国秸秆综合利用率达到80.1%，以农用为主的多元利用格局基本形成，秸秆肥料化、饲料化和基料化等农用比重达到66%。目前，大兴安岭农垦农作物只有肥料化和少量饲料化利用途径，利用方式单一，利用率只有30%，远远低于全国平均水平。

畜禽粪污资源化利用有待加强。畜禽粪污治理技术缺乏，处理设施不全，畜禽养殖场及分散养殖户的畜禽排泄物的综合治理方法和机制还有待解决。

（二）总体思路

按照“变废为宝、吃干榨尽”的发展思路，加快农作物秸秆和畜禽粪污资源化综合利用，健全农药包装废弃物回收体系。

秸秆综合利用。以提高秸秆综合利用率为目标，按照循环经济的理念，在各农场根据作物品种因地制宜推进秸秆机械化还田、秸秆青贮、黄贮饲料、秸秆基料化利用。通过种植结构调整推进种养结合，减少秸秆产生量。开展秸秆全量化利用试点，采取整场推进方式，开展秸秆综合利用试点，探索整个农垦秸秆全量化利用技术模式与机制。

畜禽粪污资源化利用。以减少畜禽养殖粪污排放、提高粪污资源化利用为目标，坚持“种养统筹、防治结合、分类治理、资源利用”的原则，综合考虑各农场生产发展基础、环境承载能力、资源禀赋等因素，调优肉牛和草食畜牧业产业布局。支持各农场加快配套粪污无害化处理设施的标准化、规模化养殖场建设，推进畜禽粪污处理后还田，建立农垦整体推进畜禽粪便有效储存、收运、处理和综合利用全产业链体系。

在农药包装废弃物回收处理方面，建立以“种植主体回收、专业机构处置、垦区资金支持”为主要模式的回收和集中处置体系，采用“农业植保员统一回收、有资质的环保单位规范处置”的方式，构建覆盖全垦区的废弃农药包装物收储体系与集中处理中心，无害化处理垦区废弃农药包装物。

（三）发展目标

1. 畜禽污染防治

按照“减量化、无害化、资源化”的原则，采用过程控制与末端治理相结合的方式，切实推进畜禽粪便无害化处理与资源化利用工作，严格控制养殖规模，实现达标排放，促进形成大兴安岭畜禽养殖污染治理的示范样板。

到 2020 年，畜禽规模化养殖场配套建设废弃物处理设施比例达 85% 以上，90% 畜禽规模化养殖场达标排放。

到 2030 年，畜禽规模化养殖场配套建设废弃物处理设施比例达 90% 以上，95% 畜禽规模化养殖场达标排放。

2. 秸秆资源综合利用

秸秆综合利用水平不断提升，秸秆还田、肥料化、饲料化、基料化利用多点开花，秸秆收储运体系不断完善，打造成东北区秸秆综合利用示范区。

到 2020 年，秸秆全面禁烧，促进秸秆肥料化、基料化、饲料化，秸秆综合利用率达到 95% 以上，其中秸秆还田肥料化利用率达到 60% 以上。

到 2030 年，秸秆综合利用率力争达到 98% 以上，其中秸秆还田肥料化利用率达到 70% 以上。建成较为完备的秸秆收集储运体系，形成布局合理、多元化、产业化综合利用格局。

3. 农药包装废弃物处理

到 2020 年，基本实现农药包装废弃物无害化处理。

到 2030 年，全面实现农药包装废弃物无害化处理。

（四）重点工程

秸秆资源化利用工程。积极引进、试验、示范秸秆利用技术，促进秸秆多元利用、全量化利用。开展秸秆青黄贮饲料化、微生物腐化和固化碳化气化等新技术研发示范推广，鼓励各农户直接性购买大型秸秆还田、秸秆打捆等机械设备，建立农作物秸秆粉碎还田、过腹还田和生物发酵腐熟还田肥料化综合利用体系，建设 2 个玉米秸秆还田示范点。建立健全农垦推动、秸秆利用企业和收储为轴心、经纪人参与、市场化运作的秸秆收储体系，降低秸秆收储成本。利用垦区现有的玉米、大豆等农作物秸秆和农产品加工副产物发展全价饲料，通过秸秆青贮、黄贮、微贮、揉丝氨化等饲料化方法，建立完善的秸秆饲料化利用体系。以巴彦农场为核心，以玉米秸秆、锯末、牛粪等为基料，生产黑木耳、双孢菇、平菇等食用菌，培育食用菌新兴产业，延长产业链。

畜禽粪污无害化处理工程。统筹考虑环境承载力及畜禽养殖污染防治要求，推进农牧结合、种养平衡。出台《大兴安岭农垦关于促进养殖业布局优化的管理办法》，指导农场加快养殖布局调整优化。加快推行标准化规模养殖改造，配套建设包括机械干清粪、漏缝地板等收集设施，固液分离、粪便堆沤、污水厌氧消化等无害化处理设施，有机肥加工、沼渣沼液还田利用等综合利用设施。小型养殖场推广干清粪—粪便生产有机肥模式，机械或人工方式收集粪便经堆肥处理加工成有机肥，污水经沉淀发酵后还田利用；鼓励和支持散养密集区实行畜禽粪污分户收集、集中处理，建设粪污集中处理利用工程 2 处。在耕地边缘或空闲场地建设养殖废弃物处理区，利用大型适用机械将将秸秆和粪污物回收发酵，制成有机肥料还田。

农药包装废弃物回收循环利用工程。完善植保服务体系，统一发放农药、统一喷施方法，植保员监督种植农户自行收集农药废弃包装物，定期交到农场农药废弃包装物集中回收点，分类包装、统一存放，通过招投标等方式委托一家农药经营单位负责全垦区农药废弃包装物的归集和运输，受委托单位及时将归集的农药废弃包装物运送至具有法定资质的专业处置单位进行无害化集中处置。按照属地管理原则，在各农场建设回收网点，由农业植保员承担回收任务，按农药瓶原箱原装原盖，农药袋按相同类型规格包扎成捆等要求，做好农药包装物的回收、运输工作。由垦区扶持推动具备资质的危险废物经营许可单位（或具备处理能力的环保企业、或依托垃圾处理体系）建立农药废弃包装物处理中心一处，承担农药废弃包装物的统一集中无害化处置。在回收网点配套建设仓库、特种运输车等设施设备，农药废弃包装物无害化处理中心新建库房、办公管理区、农药废弃包装物处置专用环保设施及其他配套设施等。

（五）重点项目

农业废弃物资源化利用重点实施畜禽养殖粪污处理、秸秆肥料化利用、农药包装废弃物回收处置 3 个项目，总投资 2 900 万元（表 6–3）。

表 6–3 农业废弃物资源化利用重点建设项目

序号	项目名称	建设内容	建设地点	投资（万元）
1	畜禽规模养殖粪污处理项目	建设粪污集中处理利用工程 2 处，重点进行畜禽舍改造、畜粪便收集处理系统等资源化综合利用设施。	巴彦农场、欧肯河农场	1 600
2	秸秆肥料化利用项目	建设 2 个玉米秸秆还田示范点，示范推广机械化粉碎、酵素有氧发酵、深翻还田，提高秸秆综合利用率。	甘河农场、巴彦农场	1 000
3	农药包装废弃物回收处置项目	建立农药采购和包装废弃物回收台账，每个农场设立农药包装废弃物回收网点，安排专人负责。	全局八个农场	300

四、化肥、农药减量施用

（一）现状与问题

1. 现状

化肥减施：近年来，大兴安岭农垦采取措施减少化肥使用量。实施有机肥替代化肥行动计划，减少氮肥用量，提高土壤肥力。主要途径是将钙镁磷肥发酵后作为基肥使用，确保作物矿物性元素（如磷、钾）和中微量元素供应；将牲畜粪便和秸秆有氧发酵后还田作为有机质提升使用，补充和活化土壤中有机质和微生物；在作物不同生产阶段喷施酿造醋，为作物提供有机氮肥原料。

农药减施：实施“两降一加”技术（降低农药用量、降低水用量、加入助剂）减少农药使用量，使用国际上先进进口喷嘴及过滤器，严格执行科学的技术规范，通过作物合理轮作和加强机械锄耕，降低农药用量。2015 年大批量更换进口喷嘴 3 万套，覆盖作物面积 60 万亩，减少农药使用量 30% ～ 40%，降低生产成本 320 万元；2016 年，更换喷嘴 1.5 万套，覆盖作物 80 万亩，作业效率提高一倍以上。垦区严禁使用高残留农药，减少使用易污染水源的农药，如莠去津、2 甲 4 氯、草甘膦、乙草胺等，防止农药过量使用污染水源。

2. 问题

专业化服务能力不够。垦区现有专业化统防统治组织 8 家，服务面积 120 万亩，且普遍盈利能力不强、服务水平不高，专业化统防统治统和绿色防控工作融合还不够协调和充分，专业化组织技术人员匮乏，防控技能有待提高。

项目经费和人才短缺。缺乏测土配方施肥项目支撑，测土配方施肥最后一公里没打通，没有配肥站，配方肥使用相对少，农户认知有待提高。缺少发酵设施，无法制做大量有氧发酵肥料，满足不了生产需求，需外购大量有机肥，增加了生产成本。

农药化肥综合利用率仍有待提高。第一次全国污染源普查公报中，大兴安岭农垦化肥施用量总量（折纯）为 13 750 吨，肥料利用率为氮肥 35%、磷肥 25%、钾肥 33%，流失量总磷 687.5 吨、总氮 962.5 吨。同时，农药使用技术也有待进一步规范。

（二）总体思路

大力推进化肥减量提效、农药减量控害，树立“增产施肥、经济施肥、环保施肥、绿色用药”理念，探索产出高效、产品安全、资源节约、环境友好的现代农业发展之路。

化肥减量提效。按照“控、调、改、替”的路径，即控制化肥投入数量，调整化肥使用结构，改进施肥方式，推广有机肥替代化肥。大力推广测土配方施肥，推广新型肥料，优化氮、磷、钾配比。研发推广适用施肥设备，改表施、撒施为机械深施、水肥一体化、叶面喷施等精准施肥方式。通过有机肥料替代部分化肥，促进有机养分资源的合理利用，提升耕地肥力。

农药减量控害。据病虫害发生危害的特点和预防控制的实际，坚持综合治理、标本兼治，重点在“控、替、精、统”四个字上下功夫，推广应用绿色防控技术控制病虫发生危害，高效低毒低残留农药替代高毒高残留农药、大中型高效药械替代小型低效药械，推行对症适时适量的精准科学施药，推行病虫害统防统治。

（三）发展目标

实施化肥、农药零增长行动计划，创建有机肥替代化肥示范农垦和农药减量绿色防控示范农垦。建立资源节约型、环境友好型的科学施肥管理技术体系和病虫害绿色防控技术体系，科学施肥水平和科学用药水平明显提升。

到 2020 年，农垦测土配方施肥技术覆盖率达 95% 以上，农作物病虫害绿色防控覆盖率达 90% 以上，肥料、农药利用率均达到 40% 以上，高效低毒低残留农药比例明显提升，生物农药使用比例逐步提高，主要农作物化肥、农药使用量实现零增长。

到 2030 年，测土配方施肥技术覆盖率达到 100%，主要农作物化肥使用量实现负增长，主要农作物肥料利用率达到 45% 以上；农作物病虫害专业化统防统治覆盖率提高到 95%，主要农作物农药使用量实现负增长，主要农作物农药利用率达到 45% 以上。

（四）重点工程

测土配方施肥工程。加大测土配方施肥覆盖面，建设大型测土配肥中心 8 个，每个农场 1 个，配备相应设备，建立测土配方施肥专业队伍，做好土壤采集、取土化验、田间试验、形成配方等基础性工作，为农场职工提供全程测土配方施肥技术指导服务。通过测土配方施肥技术，调整氮、磷、钾配比和用量，改盲目过量施肥为科学适量施肥，并促进大量元素与中、微量元素配合施用。

肥料结构优化提升工程。开展缓控释肥料、水溶性肥料、生物肥料等新型肥料的试验示范和大面积推广。增施有机肥、秸秆还田、种植绿肥等肥料，改单施化肥为有机无机配合，引导职工积造施用农家肥，逐步调整施肥种类，优化施肥结构。依托规模化机械化优势，推广适用施肥机械、设备，改表施、撒施为机械深施、叶面喷施等，推广滴灌施肥、水肥一体化等高效施肥技术，提高用水效率和肥料利用率。

有机肥替代化肥工程。减少化肥用量，有机肥逐步替代化肥。将钙镁磷肥发酵后作为有机肥，确保作物矿物性元素（如磷、钾）和中微量元素供应；将牲畜粪便和秸秆有氧发酵后还田提升土壤有机质；在作物不同生产阶段喷施酿造醋，提供有机氮肥。

绿色防控技术工程。应用农业防治、生物防治、物理防治等绿色防控技术，重点推广白僵菌封垛、秸秆处理、释放赤眼蜂、防虫网、粘虫色板、杀虫灯等生物防治和农业防治措施，集成应用全程农药减量增效技术，减少直至取消人工合成的杀虫剂、杀菌剂。加大绿色防控示范区建设，推进绿色防控技术的普及应用。

低毒农药替代高毒高残留农药工程。大力推广应用生物农药、高效低毒低残留农药，替代高毒高残留农药，严禁使用有机磷和有机氯类等高残留农药，减少使用莠去津、2 甲 4 氯、草甘膦、乙草胺等易污染水源的农药。

节药提效工程。应用现代植保机械，发展大型高效施药机械和大型植保飞机作业，替代跑冒滴漏落后机械，推广防虫网、粘虫色板、杀虫灯等先进施药机械。更换进口喷嘴及过滤器，减少农药使用量 30% ～ 40%，作业效率提高一倍以上，到 2017 年所有喷药机全部更换进口喷嘴。机械除草替代除草剂，逐步以小垄单苗带种植模式取代垄上多行苗带模式，根据作业机型预留形成道，增加机械化除草次数，减少直至不使用化学除草剂。

专业化服务组织培育工程。积极推进培育装备精良、专业高效的病虫害防治专业化服务组织，推进专业化统防统治与绿色防控融合，推行植保机械与农艺配套。在粮食产区重点开展玉米、大豆、小麦、马铃薯等主要病虫害绿色防控。

（五）重点项目

化肥、农药减量化施用重点实施测土配方施肥、有机肥替代化肥、农药减量增效 3 个项目，总投资 7 500 万元（表 6–4）。

表 6-4　化肥、农药减量使用建设项目

序号	项目名称	建设内容	建设地点	投资（万元）
1	测土配方施肥项目	建立 8 个测土配肥中心，购置相应设备，开展土壤采集、取土化验、田间试验、形成配方，提供全程测土配方施肥技术指导服务。	垦区八个农场	500
2	有机肥替代化肥项目	每年使用有机肥耕地 25 万亩，5 年内逐步实现垦区所有耕地全部施用有机肥。每年施用有机肥量 2 万吨，年投入资金 1 000 万元。	垦区八个农场	5 000
3	农药减量增效项目	推广应用高效、低毒、低残留农药、生物农药和农药减量增效综合配套技术。建设 1 个大豆农药减量增效试验示范区，面积 5 万亩，1 个设施蔬菜农药减量控害增效示范区，面积 100 亩，开展农药新品种和减量增效技术试验、示范及推广。	甘河农场、巴彦农场	2 000

五、生态循环农业示范

（一）现状与问题

近几年垦区加快推进农牧结合、种养循环步伐，根据畜牧业发展规模加快发展草牧业，在巴彦种羊场率先开展种养结合循环示范，种植优质燕麦草、青贮玉米等为牲畜提供优质饲料，利用畜禽粪便作为肥料直接还田，推广了推广“粮—畜—果园（农田）”“秸秆—畜—果园（农田）”“饲草—畜—果园（农田）”等种养循环模式，积极探索种养循环生态农牧业发展途径。

但是总体来看，垦区的种养结构仍然有待优化，种植结构单一，养殖比重不高，种养协调的产业结构还没有建立，“粮经饲”三元结构探索不足。

（二）发展思路

以提高资源利用效率、实现区域农业废弃物循环利用和环境零排放为目标，积极探索种养结合、农牧结合、农林结合等循环农业路径，形成资源节约、生产清洁、废弃物循环利用、产品安全优质的生态循环农业发展路径和成熟的、可供示范推广的综合性生态循环农业发展模式，示范带动周边地区采用化肥农药减施、轮作、免耕等耕作措施，探索养分综合管理计划、生态循环农业的耕作制度，将大兴安岭农垦打造成为全国农垦系统生态循环农业和可持续发展农业的样板。

（三）发展目标

到2020年，畜禽养殖全部实现规模化、标准化和集中化，完成全部标准化养殖小区改造。种养结合初具规模，形成符合资源承载力和农业废弃物消纳半径的畜禽养殖产业布局。

到2030年，农业种养结构进一步优化，畜禽养殖废弃物全部实现资源化利用、无害化处理，形成一批农牧结合、林牧结合的高效生态种养加循环利用模式，基本实现垦区内农业资源循环利用。

（四）重点工程

生态循环农业示范园工程。在甘河农场、巴彦农场和欧肯河农场建设生态循环农业示范园，实施区域1.2万亩，建设种养结合农田消纳基地11 700亩，以青贮玉米、牧草作物以及部分籽粒玉米和大豆秸秆作为养殖饲料来源，剩余农作物秸秆和养殖粪污发酵后还田。改造39栋肉牛养殖圈舍清粪系统及附属设施，使养殖场粪污达到自动或半自动清理标准。推进秸秆肥料化利用和秸秆饲料化利用，种养结合生产基地产生的农作物秸秆分别青贮、黄贮后作为肉牛饲料，年生产青贮料0.36万吨，黄贮料0.24万吨。在耕地边缘或空闲场地建设养殖废弃物处理区，利用大型适用机械将秸秆和粪污物回收发酵，制成有机肥料还田。

农产品加工副产品综合利用示范工程。充分利用现代生物、膜分离、超界萃取等技术，对加工副产物和农林剩余物“吃干榨尽”，对终极废弃物进行无害化处理。重点开展秸秆生物腐化有机肥及过腹还田、畜禽骨血等农产品加工副产品综合利用技术工程示范，配套加工处理设备，建设农副产品加工厂房等基础设施。

粮改饲及山坡地种草示范工程。按照“以养定种”的要求，以草食畜牧业发展为载体，积极发展青贮玉米、燕麦草、紫花苜蓿等饲料和牧草种植，引导职工由玉米籽粒收储利用转变为全株青贮利用。拓展优质牧草发展空间，合理利用山坡地、草山草坡种植优质牧草，推进种养循环农牧结合。

（五）重点项目

生态循环农业示范重点生态循环农业示范园建设项目，总投资3 000万元（表6-5）。

表 6–5 生态循环农业示范重点建设项目

序号	项目名称	建设内容	建设地点	投资（万元）
	生态循环农业示范园	以禽畜养殖废弃物资源化利用、农副资源综合开发和标准化清洁生产为重点，建成农业综合开发生态循环农业示范园 1.2 万亩。	甘河农场、巴彦农场、欧肯河农场	3 000

第七章 垦区社会可持续发展

一、美丽宜居农垦社区建设

（一）现状与问题

2014年以来，内蒙古自治区开展危房改造工程、安全饮水工程、街巷硬化工程、村村通电和农网升级工程、村村通广播电视通讯工程、校舍建设及安全改造工程、村标准化卫生室工程、村文化活动室工程、便民连锁超市工程、农村牧区常住人口养老医疗低保等社会保障工程。目前，大兴安岭农垦完成街巷硬化 215 千米，10 328 人的安全饮水问题得到了解决，各场队实现队队通电、通广播电视，校舍建设及安全改造均已达标，到场部集中办学，建卫生室 58 个、文化活动室 58、便民超市 58 个，采取新建小区、闲置小区利用和庭院分区模式相结合的方式，基本实现人畜临时分离。通过“各项工程的实施，大兴安岭农垦场区、队区硬件设施得到大幅度改善、面貌焕然一新。

农垦社区建设过程中，存在的问题主要包括：一是农场分布相对比较分散，城镇体系发育不完善，连队建设滞后；农工参与社区管理意识不强，社区管理能力欠缺；连队建设同质化严重，特色不突出。二是目前垦区所有生产队实现了街巷硬化全覆盖，职工农业机械和生产工具无处停放，急需建设一批农机具停放场和晒场。三是职工文化活动没有固定场所，雨季和冬季职工无法开展文化活动，每个农场急需建设一处职工文化活动中心。

（二）发展思路

以提升居民生活品质为核心，分类指导，以点带面、点线面结合、连片整治，加快场部与队区改造升级，净化人居环境，构建垦区总部所在地、场部、队区的新型建设体系，处理好历史文脉传承与现代文明宜居的关系、处理好多元文化发展与生态环境提升的关系、处理好社区管理与服务居民的关系，打造环境优美、设施完善、生活富裕、乡风文明的“产、城、人、文”融合的宜居宜业美丽田园小镇。

（三）发展目标

到 2020 年，垃圾、污水得到有效治理，队容队貌、绿化美化水平不断提高，医疗卫生、交通条件、居住环境得到改善，完成 40 个美丽队区建设。

到 2030 年，队容队貌、绿化美化水平得到进一步提高，医疗卫生、交通条件、居住环境得到进一步改善，健康文明的生活方式初步形成，完成60个美丽队区建设，推动垦区打造成为“宜居、宜游”队居、安居乐业的美丽乡镇。

（四）重点任务

1. 开展综合整治，改善人居生活条件

按照“提质扩面、重点示范、美丽宜居”的思路，继续在场部、队区深入实施改路、改水、改厕、改危房的综合行动，实行人畜分离、厨卫入户。建立长效工作机制，不定期开展治理“八乱”即乱堆、乱倒、乱搭、乱建、乱停、乱放、乱贴、乱画等专项活动，不定期开展柴堆、土堆、草堆、粪堆、垃圾堆等室内外环境卫生整治。在有条件的场部和队区，推行垃圾分类、收集、转运、无害化处理方式，逐步实现垃圾源头分类、就地减量、提高资源化利用与无害化处理水平，垃圾处理、污水处理全线升级。在生产队居住区科学选址建设农机具停放场和晒场，建设职工文化活动中心，满足职工生产和精神文化生活需要。

2. 推进绿化工程，提高社区生态环境

开展连队绿化工程，利用本地树种、本地花木对路、渠、塘、院等进行绿化，形成道路河道乔木林、房前屋后果木林、公园绿地休憩林、连队周围护队林的连队绿化格局。组织开展清水场部、清水队区、清水湖库、清水河道试点建设工作，推进清水工程，实施“河长制”，清洁河道、臭水沟，治理水环境。推进生活污水“连队统一处理”和“多户式、分户式”等治理模式，全面改善和美化场部、队区整体环境面貌，把社区建设成为让农工能享受现代文明生活的农垦新社区。

3. 突出农垦特色，塑造品色小镇

加大对夏日小镇基础及服务设施的投资，建设以“农垦文化”研究、展示和传播为主的核心区，包括国际交流中心、农垦博物馆、文化广场、“垦区人间”文化园和民俗工艺制作区；以旅游综合配套服务为主的农垦门户旅游区，主要包括旅游集散中心和生态休闲游憩区；以休闲度假、养生康体为主的天堂养心谷，主要以功臣院、大健康产业园等项目为主，形成三大功能区，积极与国内外知名企业（公司）和创新团队洽谈合作，深入挖掘地域特色文化，形成特色产品，打造融“文化地标、旅游门户、养生基地、创新社区”于一体的“农垦品色小镇”，成为游客旅居、休闲、观光、养老、养生的胜地，成为居民宜居、宜业、宜商，看得见山、望得见水、记得住乡愁的幸福农垦家园。

4. 健全管理机制，提升社区治理水平

建章立制，出台规章制度，明确社区管理工作事项、规范责任主体职责。制定居民自治章程、居规民约等一系列民主管理制度，增强连队职工自治功能。在垦区开展洁净场部、最美队区等竞赛活动，启动庭院整洁户评选，制定奖惩制度，确保环境整治保洁常态化、规范化、制度化。各农场结合实际发展，设立社区社会组织发展专项资金，引导、奖励社区干部进行建设创新。组织农场干部、队长、职工代表赴先进地区参观学习，提升其引领建设新型农垦社区的热情和能力。

二、休闲观光与乡村旅游

（一）现状与问题

垦区隶属“中国最美丽的草原”之首——呼伦贝尔市，其气候冷凉，景色壮丽，生态条件极佳，是休闲观光农业发展的优势地。据统计，2016 年大兴安岭农垦旅游人次为 41 万人，旅游业营业收入为 150 万元，产值达到 208 万元，占大兴安岭农垦 GDP 的比重为 1%。

1. 发展现状

（1）有资源，大兴安岭农垦旅游资源较多。垦区内河流众多，有 7 条较大河流，均属嫩江水系，地貌类型多样。围绕资源优势和发展需求，垦区打造了以巴彦植物园、甘河 5 队农垦风情园、诺敏河 3 队生态美食庄园、东方红 2 队东方雅布伦田园休闲山庄、中国欧肯河湿地公园等重点的旅游示范队（区），确定在宜里 12 队打造知青连、建设垦区知青博物馆，形成吃、住、行、游、购、娱于一体的大兴安岭旅游全产业链，旅游资源丰富。

（2）有特色，大兴安岭农垦发展特色鲜明。“青山绿水生态黑土地”，这是大兴安岭农垦特色的写照。大兴安岭农垦位于大兴安岭山脉东南麓，垦区内连绵起伏的山岭、碧水微澜的河流、广袤无垠的黑土地、生机勃勃的田园，构成了大兴安岭农垦独具韵味的中国北疆景色。

（3）有基础，大兴安岭农垦旅游初见成效。垦区与舒克公司合作引入小型飞机，开发低空飞行旅游项目。垦区与苍狼白鹿车队合作开启自驾模式，成功举办“我爱我家”自驾游活动。与各大公司共同打造中国农垦汽车文化产业平台、中国首家越野汽车文化基地、亚洲最大越野汽车公园。主题农场和品色小镇打造有序推进，启动了城镇规划修编工作，具有特色鲜明、时尚靓丽的场队涌现了出来，吸引了大量客源（表 7–1）。

表 7–1　大兴安岭垦区旅游资源单体名录

单体名称	所在位置	主类名称	基本类型名称	评价等级
甘河湿地观赏地	甘河农场甘河大桥	B 水域风光	BBB 沼泽与湿地	四级
巴彦塔头湿地	巴彦 5 队	B 水域风光	BBB 沼泽与湿地	四级
双亭山	东方红场部	A 地文景观	AAA 山丘型旅游地	三级
蛇山	扎兰河场部 3km 处	A 地文景观	AAA 山丘型旅游地	三级
巴彦万亩农田	巴彦一队	F 建筑与设施	FAH 动物与植物展示地	三级
古里千亩高粱地	古里农场四队	F 建筑与设施	FAH 动物与植物展示地	三级
欧肯河湿地	欧肯河农场	B 水域风光	BBB 沼泽与湿地	三级
燕子湖	甘河农场场部南	F 建筑与设施	FGA 段水库观光游憩区段	三级
五连风情园	甘河农场五连	F 建筑与设施	FDC 特色社区	三级
诺敏河生态美食庄园	诺敏河三连	F 建筑与设施	FBA 聚会接待厅堂（室）	三级
甘河钓鱼台鱼塘	甘河农场场部	F 建筑与设施	FGA 水库观光游憩区段	普通级
甘河高科技农业示范园	甘河农场场部北侧	F 建筑与设施	FAH 动物与植物展示地	普通级
甘河农场文体活动中心	甘河场部	F 建筑与设施	FAE 文化活动场所	普通级
豆腐宴	甘河农场五连	G 旅游商品	GAA 菜品饮食	普通级
甘河中德现代农业示范场	甘河农场五连	F 建筑与设施	FAA 教学科研实验场所	普通级
大豆主题小镇	甘河农场场部	F 建筑与设施	FDC 特色社区	普通级
甘河大坝	甘河农场	F 建筑与设施	FGD 堤坝段落	普通级
诺敏河诗乡茶社	诺敏河场部	F 建筑与设施	FAE 文化活动场所	普通级

续 表

单体名称	所在位置	主类名称	基本类型名称	评价等级
剪纸	宜里农场四队	G 旅游商品	GAE 传统手工产品与工艺品	普通级
宜里野猪养殖区	宜里农场七队	F 建筑与设施	FAH 动物与植物展示地	普通级
东方雅布伦山庄	东方红二连	F 建筑与设施	FBA 聚会接待厅堂（室）	普通级
东方红水库	东方红农场	F 建筑与设施	FGA 水库观光游憩区段	普通级
国际儿童科普基地	巴彦农场	F 建筑与设施	FAB 康体游乐休闲度假地	普通级
巴彦采摘园	巴彦 9 队	F 建筑与设施	FAH 动物与植物展示地	普通级
巴彦垂钓园	巴彦 5 队	F 建筑与设施	FGA 水库观光游憩区段	普通级
巴彦植物园	巴彦场部	F 建筑与设施	FAH 动物与植物展示地	普通级
巴彦万只种羊繁育基地	巴彦三连	F 建筑与设施	FAH 动物与植物展示地	普通级
巴彦松林园	巴彦农场	C 生物景观	CAA 林地	普通级
巴彦农场科技园	巴彦三队	F 建筑与设施	FAA 教学科研实验场所	普通级
巴彦老知青房遗址	巴彦一队	E 遗址遗迹遗址遗迹	EBA 历史事件发生地	普通级
甘河观光游憩河段	扎兰河农场	B 水域风光	BAA 观光游憩河段	普通级
扎兰河湿地	扎兰河大桥	B 水域风光	BBB 沼泽与湿地	普通级
扎兰河观光农业园	扎兰河农场	F 建筑与设施	FAH 动物与植物展示地	普通级
勃音那水库	古里农场三队到四队之间	F 建筑与设施	FGA 水库观光游憩区段	普通级
多布库尔河滩	古里农场	B 水域风光	BAA 观光游憩河段	普通级
嫩江观光游憩河段	古里农场	B 水域风光	BAA 观光游憩河段	普通级

续 表

单体名称	所在位置	主类名称	基本类型名称	评价等级
古里百亩生态经济林	古里农场四队	C 生物景观	CAA 林地	普通级
古里千亩节水灌溉项目区	古里农场四队	F 建筑与设施	FGE 灌区	普通级
欧肯河观光游憩河段	欧肯河场部	B 水域风光	BAA 观光游憩河段	普通级
欧肯河马铃薯工业园	欧肯河农场	F 建筑与设施	FAF 建设工程与生产地	普通级
绿源淀粉公司	欧肯河农场	F 建筑与设施	FAF 建设工程与生产地	普通级
诺敏河采摘园	诺敏河二队	F 建筑与设施	FAH 动物与植物展示地	普通级
诺敏河观光游憩河段	诺敏河农场	B 水域风光	BAA 观光游憩河段	普通级
红叶杨树	巴彦植物园	C 生物景观	CAB 丛树	普通级
巴彦九连新农垦示范连	巴彦九连	F 建筑与设施	FDC 特色社区	普通级
欧肯河马铃薯主题小镇	欧肯河农场	F 建筑与设施	FDC 特色社区	普通级

2. 主要问题

（1）无人气，游客不够多。以游客为本，是旅游业发展的终极目标。据统计，2016 年大兴安岭农垦旅游人次为 41 万人，旅游业营业收入为 150 万元，产值达到 208 万元，占大兴安岭农垦 GDP 的比重为 1%。

（2）无名气，品牌不够响。大兴安岭农垦旅游业起步晚，近年来做过一些尝试，探索建设越野汽车赛道打造国际级别的中国汽车文化产业平台；与舒克公司合作引入小型飞机，开发低空飞行旅游项目；与苍狼白鹿车队合作开启自驾模式；开发了巴彦植物园等旅游试点。但因为旅游路线设计与策划没有形成体系，宣传力度不够，总体而言，游客对大兴安岭农垦旅游发展知之甚少，名气不大。

（3）无朝气，行动不及时。尽管大兴安岭农垦旅游资源众多、景色独特，但是缺乏统一规划，仍处于高度分散状态；旅游配套的设施不完善，产业链条不完善，吃住行游购娱六位一体的链条没有真正打造成，致使游客游览停留时间较短、消费水平低；服务质量较差，旅游市场秩序、从业人员素质、接待服务质量等方面都存在不尽如人意的地方。

（二）发展思路

以农垦文化为魂、美丽田园为韵、主题农场为基，突出生态、休闲、度假三大特色，做好自然景观开发、文化资源挖掘、旅游配套服务三篇文章，开发生态观光、农场休闲、健康旅游、体育旅游、产业旅游、摄影旅游、会展旅游、自驾车与房车旅游等产品体系，重点打造一批特色主题农场、旅游体验基地、旅游接待农牧户，构建“旅游景区（点）、旅游精品线路、风景道、旅游功能板块”相结合的空间格局，加强农场、连队与景区一体化建设，实现旅游产业全景化、全覆盖，塑造“春观百花秋采果、夏沐凉风冬踏雪”的全时景观，开发品得出文化、讲得出故事、留得住口碑的高价值旅游产品，让农味更浓、让乡味更纯，完善旅游公共服务设施，塑造个性鲜明的市场形象，扩大旅游与健康产品品牌影响力，使旅游业成为农垦集团的战略性支柱产业，提供望得见山、看得见水、记得住乡愁的高品质休闲观光旅游体验，打造“青山绿水生态黑土地，田园乡愁农垦大兴安”的产业品牌，形成“全时、全景、全业”的全域旅游业发展格局。

（三）发展目标

树立发展全域旅游的战略目标，梯度推进垦区休闲观光与旅游产业发展，以“旅游+”的理念打造一批特色鲜明的旅游景点，建设一批有影响力的品色小镇，培育一批个性突出的主题农场，促进旅游产业与其他产业有机融合，把大兴安岭农垦建设成为集大美田园与休闲度假于一体的国家级休闲观光与旅游产业基地。

到 2020 年，休闲观光与旅游产业增加值占大兴安岭农垦 GDP 的比重力争达到 15%，建成国家级休闲农业示范点 4 个、主题农场 6 个、主题连队 50 个、现代农业庄园 4 个、带动农场职工开办接待庄园 1 000 家，实现休闲观光农业旅游年接待游客达到 50 万人次，营业收入 3 亿元。

到 2030 年，休闲观光与旅游产业增加值占大兴安岭农垦 GDP 的比重力争达到 22%，建成国家级休闲农业示范点 4 个、主题农场 8 个、主题连队 84 个、现代农业庄园 6 个、带动农场职工开办接待庄园 2 000 家，实现休闲观光农业旅游年接待游客达到 80 万人次，营业收入 5.6 亿元。

（四）重点任务

1. 加快主题农场建设

甘河农场——中国大豆之都。发挥邻近大杨树镇、红彦火车站、国道111线穿境而过的交通区位优势，利用得天独厚的河流、树林、水库、甘河湿地景区、农业高产创建示范田、高科技农业示范园、中德现代农业示范场、风情渔村、蒙古包、豆腐宴等旅游资源，凸显旅游主题形象，充实文化内涵，发展滨水休闲、避暑度假、漂流越野拓展、观光、宿营、果蔬采摘及加工体验等旅游产品，打造成为中国大豆之都、有机果蔬体验基地、北疆避暑胜地。

巴彦农场——国际儿童科普基地。整合“农垦第一犁”与“北纬50℃现代农业奇迹”等特色资源，以巴彦农场场部为旅游服务中心，以场部到111国道公路段为发展轴，以现代农业科技园、兴安“第一犁”景区、国际儿童科普基地、田园体验区、巴彦植物园、农机具参观体验区、美丽七连文化区、巴彦种羊园为景点，形成“118”旅游发展空间布局，发展以大马力机械播种、田管、收获，物联网应用和设施农业种植、采摘等现代农业为主题的旅游参与和体验，建设科研基地、科教基地、科普基地及公益事业基地四大基地，打造成为国际儿童科普农场、现代农业示范区、全国康养旅游示范基地。

古里农场——芸豆之乡。立足农场四周环山、一江四河（一江指嫩江，四河指多布库尔河、勃音那河、古里河和那都里河）、植被繁茂、物产富饶、芸豆产业文化等资源优势，突出芸豆、大豆和小麦等特色农产品，发展江河观光摄影、垂钓体验、芸豆系列美食体验等旅游产品，打造成为国家生态旅游示范区、全国知名的芸豆主题农业公园。

诺敏河农场——杜鹃小镇。利用地处大兴安林腹地、河网密布、群山环绕的自然资源优势，突出当地特色的杜鹃文化、森林文化、知青文化、军垦文化、美食文化，发展农垦杜鹃观光、度假休闲、特色民俗体验、知青文化寻访、农事活动体验、皮艇漂流等旅游产品，开展“梦之旅杜鹃一号”民俗评比等活动塑造杜鹃品牌，将诺敏河打造为全国知名的杜鹃小镇、特色农垦民宿体验区、知青文化体验区。

欧肯河农场——精品农牧小镇。坚持以养带种、为养而种、种养结合、草畜配套的发展理念，种优质牧草、养优质肉牛、服务高端人群，发展优质饲草料产业、肉牛肉羊产业，塑造精品农牧小镇。借助湿地公园等景点，与旅游业充分结合，设置专供游客参观的廊道、游览车等基础服务设施，以旅游的方式让游客了解牛羊肉生产的全过程，扩大企业品牌效应，探索“旅游＋生态畜牧业”的经营生产模式，展现农场农牧融合一体化发展的理念。

东方红农场——假日田园。依托农垦文化、田园风光、二连东方雅布伦山庄、“幸福农家院”，发展集休闲旅游、田园采摘、宜居养生、创意农业、农耕体验为一体的旅游业；围绕111国道的水库、蓝莓基地、双亭山等风光为背景，以知青文化为特色，以“红＋绿”特色文化体验为核心，重点开发红色知青文化休闲、主题农场旅游度假等产品，建设融户外运动、知青体验、山林游憩、避暑休闲、生态度假于一体的综合型乡村旅游示范基地、设施农业体验基地，打造农垦假日田园小镇，呼吸泥土芬芳、观赏田园风光、体验民俗风情、品味乡土文化、感悟人生价值。

扎兰河农场——芳香小镇。以扎兰河农场及其周边优良的生态环境为本底基础，围绕蜜蜂产业，发展蜜源植物观光、蜂疗养生度假、养蜂放蜂体验、蜜蜂文化科普教育、蜂产品加工参观体验、养蜂擂台赛等新型业态，以“小蜜蜂”孵化“大产业”，“大生态”掘进“大健康”，打造“芳香小镇”。

宜里农场——诚信农场。在农场餐饮、住宿、商店等宣传诚信道德，使场部诚信品色小镇初步成型，成为对外合作的一张名片；对农场采摘园、畜牧园进行升级改造，发展以特色舍饲野猪、北极狐养殖、有机蔬菜种植、技术示范推广、农业技术培训和观光休闲农业为核心内容的立体生态农业，打造集立体生态种养殖、技术示范推广、观光休闲于一体的立体生态循环农业科技示范园；围绕特色民俗、剪纸手工技艺等，构建垦区特色民族文化旅游商品，打造成诚信建设展示窗口、垦区特色民俗文化旅游示范基地、乡村旅游风情体验基地。

2. 策划设计旅游项目

充分挖掘垦区农业景观资源，建设主题农场与主题园，合理布设观光园、采摘园、垂钓园等，建设自助旅游营地驿站、乡村特色旅游客栈、农家乐，带动后备箱经济。建设大型机械体验区，举办开耕节、秋收节等节庆活动，让游客亲自下田驾驶拖拉机等机械，体验“大胶轮大马力”的农耕与收获。建设大豆等主要农畜产品全产业链的参观走廊，打造所见即所食、所食即安全，让游客体验的同时，培育农垦忠实的客户。

开发高端、新型旅游项目。积极与各大企业对接项目合作事宜，打造中国农垦汽车文化产业平台、中国卢比肯越野汽车文化产业示范基地、亚洲最大越野汽车森林公园。借助国家全面开放低空空域的重大战略机遇，在垦区组建成立通用航空公司，打造配套完善的通用航空公司体系，开发低空飞行旅游项目，服务于合作各方的农牧业、林业、旅游、探测等飞防、游览、拍摄作业，开创大兴安岭空中旅游的先河。充分利用大兴安岭农垦夏季冷凉、空气清新、生态环境优良的特点，建设高品质居家养老公寓区和候鸟式旅游度假养老园区，将大兴安岭农垦打造成为候鸟式养老旅游基地。瞄准新兴市场，开发户外运动谷项目，与旅行社合作开发“定制自由行程、定制特色酒店、定制当地导游”等特征的高端私人定制项目等。

3. 营销休闲观光与旅游品牌

按照“全员营销、全过程营销、全方位营销”的理念，加强对每位员工的培训，明确产品定位、市场定位、目标定位。整合平面媒体、立体媒体、声像媒体、网络媒体、新媒体自媒体等，打造全媒体营销体系。组织客源市场分析，根据目标客源群选择媒体投放。发展“互联网 + 休闲农业”，借力携程网、同程网、腾讯等网络平台，扩大大兴安岭农垦休闲农业和乡村旅游在线交易的市场规模。借助大豆文化节、农垦观光节和农业嘉年华等不同特色的休闲观光与旅游节庆活动，加快品牌传播。聘请专业设计公司，加强品牌策划、宣传推广和营销。聘请邵春等中国策划风云人物，高端、精准推广品牌。

4. 策划旅游线路

依托鄂伦春旗布苏里北疆军事文化旅游区、达尔滨湖国家森林公园、拓跋鲜卑历史文化园、鄂伦春民族博物馆四大景区，鄂伦春族篝火节、冰雪伊萨仁“两大节庆”的全域旅游发展，以及莫旗环城旅游休闲带、“五彩农业”示范区建设，加强旅游线路策划，融入周边旗县旅游大线路，形成内部小环路，达到留得住游客、赚得足人气、拉得动消费的目标。策划农垦旅游大环线，加格达奇（机场）→达尔滨罗→诺敏河→宜里农场→东方红农场→欧肯河农场→古里农场→扎兰河农场→加格达奇，策划农垦内部现代农业体验线路：甘河农场→巴彦农场→东方红农场→欧肯河农场→古里农场→扎兰河农场→诺敏河农场→宜里农场→甘河农场。

5. 提升旅游服务水平和服务功能

在垦区重点农场率先开展“倡导文明礼仪 · 共创文明垦区”等形式的礼仪培训大讲堂，聘请名师开设专题讲座，总结经验，全垦区推广学习，多种形式全面提升各级工作人员的服务能力，实现精细化、规范化和人性化的服务。完善诺敏河 3 队美食庄园、甘河 5 队农垦风情园、东方红 2 队东方雅布伦田园休闲山庄、中国欧肯河湿地公园、巴彦种羊园、植物园等新兴旅游景点建设，邀请专家团队精心设计打造宜里 12 队农垦知青连、垦区知青博物馆等系列工程。建设快捷顺畅的交通路道体系和集散体系，完善通景公路沿线的观景点、停靠点、骑行道、人行道、慢行绿道系统，打通全域链接。策划设计旅游景点，实施一大批精品景区项目建设工程。建设特色民俗设施、餐饮设施、自助设施，健全旅游接待体系。培育新型业态与游玩方式，鼓励发展自助旅游营地驿站、乡村特色旅游客栈、特色旅游消费（购物）场所。保持全域环境的优美与整洁、景区内外的因素互动，打造出处处见景、处处可观、处处可玩、处处可留的全景覆盖的旅游环境，打造休闲度假胜地。

（五）重点项目

休闲观光与旅游产业重点实施大豆风情园、摄影基地、欧肯河湿地公园等 9 个项目，总投资 16 870 万元（表 7–2）。

表 7–2　休闲观光与旅游产业重点项目

序号	项目名称	建设内容	建设地点	投资（万元）
1	大豆风情园	建设大豆之根风情园，包括休闲养生乐园、豆腐盛宴 DIY、农业公园、体验采摘园等。项目设置：民俗休闲街、品生态农产品超市、快乐农夫农事体验园、农家宠物园、中德示范园体验区。	甘河农场五队	800
2	摄影基地建设	在东方红农场 8 队，宜里农场 2、3、4 队建设万亩红高粱摄影基地、彩色农业摄影基地。	东方红农场、宜里农场	830
3	欧肯河湿地公园	继续推进欧肯河湿地公园二期、三期项目建设。二期内容：跨河桥一座、停车场 2 000 平方米、大门一座、主题雕塑一座、亮化 500 套、绿化 10 000 平方米；三期内容：游乐场一座、漂流一处、景观 25 处、驳岸一处、亲水沙滩 500 平方米。	欧肯河农场	2 040

续表

序号	项目名称	建设内容	建设地点	投资（万元）
4	芸豆主题农业公园	利用芸豆产业文化等资源优势，发展江河观光、垂钓体验、芸豆系列美食体验、红叶摄影、沙滩运动等旅游产品，打造全国知名的芸豆主题农业公园。建设内容包括：芸豆采摘园2处，占地50亩；打造古里4队休闲养生园、江湖人家、勃音那湖垂钓娱乐园。	古里农场4队	2 000
5	农业休闲观光旅游接待户	东方红农场2队东侧建设500平方米农家乐及附属设施。其他农场结合各自农业休闲观光资源与发展定位，建设自助旅游营地驿站、乡村特色旅游客栈、农家乐等。	垦区各农场	200
6	越野汽车赛道	建设初、中、高3条越野车赛道。	甘河农场河套路段	3 000
7	低空飞行旅游	引入飞机3架，其中扎兰河农场1架、诺敏河农场3队2架。建设停机坪、飞机跑道及航站楼。	扎兰河农场、诺敏河农场	1 000
8	国际儿童基地	建设国际儿童科普馆、农业科普展馆、儿童科普长廊（LED电子显示屏）、儿童农作物栽培体验馆、采摘园、反季节果蔬大棚。	巴彦农场	6 000
9	东方雅布伦田园山庄	主要包括木屋改造、青红果蔬园、知青互动演艺基地、农场寻宝蛋体验园等内容。	东方红农场2连	1 000

三、文化创意与会展

（一）现状与问题

1. 发展现状

大兴安岭垦区始建于1960年，垦区经过半个多世纪的发展，已经建设成为现代化农业示范区和大型国有农场群，也积淀了深厚的文化，这种文化是一种跨越时代的精神文化，是农垦人所创造的“开拓创新、艰苦奋斗、开放包容、顾全大局、无私奉献”核心价值观的代名词，集民族文化、知青文化、军垦文化、生态文化于一体，有着丰富的内涵和底蕴，这也为大兴安岭农垦文化创意产业的发展提供了坚强基石和重要支撑。

（1）成功举办了“中国·大兴安岭大豆产业发展战略高峰论坛”。2016年，大兴安岭农垦集团作为主办方，在夏日小镇成功举办了中国·大兴安岭大豆产业发展战略高峰论坛，详细向与会人员介绍了农垦集团基本概况和新时期农垦发展的目标定位及垦区打造世界优质食用大豆主产区的优势，并邀请专家赴甘河农场参观中德现代农业示范场、巴彦农场三队科技园区，并在巴彦农场二队大豆绿色增产增效项目示范区召开了现场会。

（2）积极参加国内重要农展会。大兴安岭农垦集团充分利用自治区内外展会平台，展示展销优质绿色农畜产品，参加了“中国国际农产品交易会”“内蒙古绿色农畜产品（北京）展销会”，抓住契机，开展销售贸易合作活动，开拓了市场，提升了大兴安岭农垦绿色农畜产品品牌的知名度和影响力。

2. 存在问题

（1）文化创意产业与垦区旅游业发展不协调。大兴安岭农垦文化深厚，但作为文化创意产业却刚刚起步，相关的行业协会和主体参与深度不足，承载载体少、产品几无设计，产业零星分布、体系不完整，导致无法与垦区旅游产业发展相衔接。

（2）会展带动能力与垦区农业资源不匹配。当前，大兴安岭农垦的会展商贸还处于酝酿起步阶段，展馆数量少、星级酒店数量不足，配套设施发展滞后，目前更多的是组团去参加全国或自治区以展示成就为主的农牧业展览，大兴安岭农垦自己举办的农牧业会展数量较少，且缺少国际性的高端化、专业化的农业展会，与垦区丰富的物产和多样化的农牧业生产形态不匹配。

（二）发展思路

引入国际文化创意与会展经济的新理念、新模式，深度挖掘民族文化、知青文化、军垦文化、生态文化，发展文化传媒等新型业态，建设农垦博物馆、蜂文化产业园、展览交易中心等载体，以高峰论坛、农业嘉年华、博览会、展销会等丰富多彩的节庆活动为媒介，打造中国·大兴安岭大豆高峰论坛、“一品生态·大兴安”农产品博览会、中国农垦嘉年华等品牌，提升大兴安岭农垦知名度，塑造“高端、生态、绿色、优质、包容”的品牌形象。

（三）发展目标

到2020年，通过文化创意与会展产业的发展，在国内外市场确立大兴安岭农垦农畜产品“绿色天然、健康有机、安全放心”的品牌形象，中国·大兴安岭大豆高峰论坛成为国内具有较大影响力和知名度的会展品牌，文化创意与会展产业对地方经济的拉动作用初步显现。

到2030年，文化创意产品和业态具有相当规模，独具垦区特色的文化创意与会展产业体系基本形成，对农业及其他产业的带动显著，成长为垦区重要支柱产业。

（四）重点任务

1. 建设农垦文化传媒发展基地

依托夏日小镇现有基础，建设农垦文化传媒发展基地，融农垦新闻出版、广播影视、文化会展、摄影兵工厂、休闲娱乐为一体，打造文化创意产业的发展核心区。重点深度挖掘农垦文化，建设农垦博物馆，传承农垦精神；鼓励以传统民族民间工艺美术品、当代艺术品、文化创意设计为重点，推动剪纸等传统民俗民族工艺品的产业化、规模化。

2. 建设蜂文化产业园

“水映青山花似海，悠悠蜜香醉扎兰”。以文化为灵魂，以蜂产业持续发展为核心，全面深挖蜜蜂文化的价值，形成蜂文化产业链，依托扎兰河农场“森林、河谷、蜜蜂”的自然环境资源条件，结合当地蜜蜂养殖、蜜蜂保种、蜜蜂疗养传统文化，在扎兰河农场建设“蜜蜂谷”，设置蜂蜜园模型，向游客展示蜂蜜形成的过程，设置蜂蜜制作DIY区，使游客亲身参与蜂蜜的制作过程，增加体验乐趣，建成集科普体验、自然观光、运动养身、休闲度假为蜜蜂文化观光示范产业园区，打造成为国内知名的蜜蜂文化展示窗口。

3. 打造“中国·大兴安岭大豆高峰论坛”品牌

围绕垦区大豆产业发展，每年在夏日小镇定期举办高规格“大豆高峰论坛”，为政府、企业及专家学者等提供一个共商大豆产业发展的高层对话平台。每期论坛选定一个主题，邀请高层领导、国际知名专家和学者、农业企业和媒体参加，就相关主题开展对话研讨，垦区“中国·大兴安岭大豆高峰论坛”打造成为规模大、企业集中、产品丰富、信息权威、在国内外具有影响力的会展品牌。同时，在甘河农场举办大豆产品展销会，结合大豆风情园、大豆主题酒店、豆腐宴以及大豆主题农场的建设，全面推动以大豆为主题的文化创意产业发展。

4. 定期举办“中国蜜蜂文化论坛”

深度挖掘蜜蜂文化，包括驯养蜜蜂、生物特性、蜂蜜功效、蜜蜂精神，以及神话、传说、寓言故事、民俗文化等，确定论坛主题。联合亚洲蜂联、中国养蜂学会、国家蜜蜂产业体系等部门，邀请蜜蜂产业企业和蜜蜂爱好者，定期举办中国蜜蜂文化论坛，全面推动垦区蜜蜂产业的发展。

5. 举办“一品生态·大兴安”全国绿色有机农畜产品博览会

以绿色、有机、高端农畜产品展览、交易为核心，每年举办一次“一品生态·大兴安”全国绿色有机农畜产品博览会。按照“企业有所需，展会有所供”的理念，突出参展企业主体地位，实行市场化运作方式，加强会展策划和宣传，吸引国内大品牌厂商参与，打造档次高、影响广的国家级农产品展销会，使“一品生态·大兴安”成为国内外有影响力的品牌农业展会，提升垦区知名度和影响力，带动农业产业、休闲观光旅游产业发展。

6. 举办农业嘉年华等文化创意活动

依托主题农场特色，在垦区各农场轮转举办农业嘉年华。采用“馆 + 园”寓农于乐的运作方式，为农场、职工和消费者搭建交流、互动、发展的良好平台。场馆主要设计包括创意农业体验馆、精品农业展销馆、科技展示馆等，园以主题狂欢乐园、采摘体验乐园为主。同时依托场馆与主题园，组织欢乐行、创意农业体验、音乐节等活动。借鉴寿光菜博会等知名节庆品牌的经验，举办农垦特色作物博览会，全方位展示、营销垦区，扩大农垦品牌知名度。

（五）重点项目

文化创意与会展产业重点实施农垦文化传媒基地、农垦博物馆和蜜蜂养生谷建设项目，总投资 6 800 万元（表 7-3）。

表 7-3 文化创意与会展产业重点项目

序号	项目名称	建设内容	建设地点	投资（万元）
1	农垦文化传媒基地	建设影院、演艺中心（含演艺中心观众大厅、舞台、演出用房、设备用房）、创意坊、会展中心、摄影基地（含导播间、监控室、候播厅、服装室、化妆室、道具室、对词室、休息室）等设施。	夏日小镇	5 000

续 表

序号	项目名称	建设内容	建设地点	投资（万元）
2	农垦博物馆	建设农垦博物馆，展现农垦发展历史，弘扬开拓、奉献、包容的农垦精神。建设大型半景画、专题陈列厅、临时展厅、演播剧场、艺术长廊、数码影院、图书馆、休闲场地等设施。	夏日小镇	1 000
3	蜜蜂养生谷建设	举办蜜蜂文化旅游节，发展蜜源植物观光、蜂疗养生度假、养蜂放蜂体验、蜜蜂文化科普教育、蜂产品加工参观体验等新型休闲娱乐项目，建设参观走廊、蜂文化展览馆、养蜂体验园以及其他配套休闲娱乐设施。以“小蜜蜂”孵化“大生态”，酿造“大产业”，带来“大健康”。	扎兰河农场场部河套地段	800

四、新型经营主体培育

（一）现状与问题

大兴安岭垦区下属农场以职工家庭经营为基础、大农场统筹小农场的农业双层经营体制，垦区积极推进多种形式的农业适度规模经营，鼓励社会市场资源自由组合，目前已发展合作社 100 多个，从周边流转租种土地 100 多万亩。新型经营主体培育主要存在以下几个方面的问题。

（1）农工参加培训意识不强、认证少。农工受教育程度整体偏低，对科技文化知识的关注度不高，主动接受科技知识的意识不强，参加职业农民培训的农工几乎没有。

（2）合作社运行效率低、管理不规范。合作社内部管理的规范化、制度化还有欠缺，管理还比较松散，一些合作社尚未真正实现成员统一供应种子、化肥、农药，统一组织检测、销售，没有真正发挥好合作社的作用。

（3）企业效益差、带动力不足。垦区内农业产业化企业以初级产品加工为主，产业链短、市场竞争力不足，发展效益差，几家企业面临倒闭的风险，带动能力十分有限。

（4）利益联结机制不完善、合作不紧密。大部分公司、合作社尚未与农工形成风险共担、利益共享的产业化共同体。

（二）发展思路

以培育新型职业农工为根本，强化技能培训、典型示范和职业教育，支持农村实用人才及农民工返乡创业。加强政策引导与资金扶持，“内培”和“外引”双管齐下，发展专业大户，培育专业合作社、产业化企业等新型农牧业经营主体，实现新型农业经营主体总量加快发展和质态明显提升。加强招商引资，发展联合经营主体，创新经营主体间利益联结方式，促进新型经营主体规范发展、创新发展、集聚发展、联盟发展。创新农业经营体系和社会化服务体系，构建合作经营、企业经营等多种经营形式并存的现代新型经营体系，促进生产经营的集约化、专业化、组织化和社会化发展。

（三）发展目标

到 2020 年，逐步形成一支有文化、懂技术、会经营的高素质新型农工队伍，高素质新型职业农工占农垦农业从业人员的比重达到 60% 以上，自治区级龙头企业 1 家。

到 2030 年，新型农工队伍进一步壮大，高素质新型职业农工占农垦农业从业人员的比重达到 70% 以上，国家级龙头企业 1 家。

（四）重点任务

1. 推进新型职业农工培育

针对农垦大豆、杂粮杂豆等主导农业产业发展，设计培育培训内容和创新方式，重点抓好普及性培训、职业技能培训、农工学历教育。生产经营型、专业技能型、专业服务型三类协同培训，初级、中级、高级三级贯通培养，提高农工生产、经营技能。以奖代补，对获得国家颁发的新型职业农民证书的农工，给予奖励。强化典型示范教育，分批次组织新型职业农工赴安吉、德清和寿光等地参观考察，学习先进地区发展高效生态农业和生产经营管理的先进经验，加快转变发展理念。

2. 发展合作社等基础性新型生产经营主体

引导承包土地向垦区的专业大户流转，实现适度规模发展。采取联户经营、入股经营等形式组建各类生产形式的专业合作社，支持发展农机、土地合作、资金互助等服务形式的专业合作社。鼓励农户发展农家乐、旅游接待等经营活动，鼓励合作社发展农产品加工、农事体验等经营活动，适度延伸产业链条，创新销售方式。建立和完善合作社示范社名录制度，在全垦区开展示范合作社示范社创建。加强政策引导与扶持，鼓励参与评定市级、省级合作社示范社，鼓励申报全国农产品加工示范社。鼓励社会市场资源自由组合，积极培育股份制、公司制等新型农业经营主体，推进多种形式的农业适度规模经营。

3. 支持龙头企业发展，发挥引领带动作用

围绕大豆产业、杂粮杂豆产业、养殖业等发展需求和主线，设置龙头企业发展专项扶持资金，对厂房建设、设备引进、人才培训等进行扶持，培育壮大产业关联度大、科技水平高、带动能力强的农业产业化龙头企业。强化政策、项目扶持力度，支持龙头企业加强技术研发与创新，鼓励龙头企业推动行业或产品质量标准制定，引领行业健康发展。落实各项优惠支持政策，引导龙头企业做好当地特色品种资源保护与开发，积极申报地方特色农产品地理标志保护产品，梯度推进农业品牌建设。鼓励企业筹建“农垦特色馆”网络展销平台，提高展品入馆标准，引导电商开展差别化品牌产品销售。引导和协调农户与产业化龙头企业形成稳定的合作关系，充分发挥农垦企业资金、技术、品牌和管理优势，促进生产模式向集约化转变，形成产业链经济。

4. 鼓励发展社会化服务组织，提供专业化服务

发展构建公共服务机构为信托、合作经济组织为基础、龙头企业为骨干、其他社会力量为补充、公益性服务与经营性服务相结合、专项服务与综合服务相协调的新型农业社会化服务体系。鼓励社会化服务组织做好良种、化肥、农药、农机、农膜、饲料，以及代耕代种、大田托管等产前服务，在农业生产过程中提供农业技术推广、代收、统防统治、病虫害统防统治、测土配方施肥等产中服务，在农业生产后期提供产品购销、加工、仓储、物流等产后服务。

5. 鼓励社会资本加入，互惠互利共赢发展

招商引资、适度让利，发展适合企业化经营的现代种养业，支持社会资本进入垦区开展农田水利建设和生态修复，支持社会资本积极建设高标准农田。积极与社会资本对接，在垦区部分社区开发具有历史、地域、民族特点的特色旅游村镇和乡村旅游示范村，有序发展新型休闲产品。支持社会资本与农场联合，推进农业与旅游、教育、文化、健康养生养老等产业深度融合，推进共同经营管理园区或景区。

6. 创新发展多种形式利益联结方式

在垦区发展股份合作，鼓励龙头企业和农工通过双向入股进行利益联结，农牧民以土地、劳动力等要素入股龙头企业，参与、监督企业的经营管理；龙头企

业以资金、技术、良种等要素入股合作社或农牧民，采取按股分红和二次利润返还等方式，让农工分享到加工和销售环节的收益。鼓励地方探索发展各类型的折股量化型合作社，共同经营。鼓励发展订单农业，引导龙头企业在平等互利基础上，与农工、家庭农场、合作社签订农产品购销合同，合理确定收购价格，形成稳定购销关系。鼓励发展服务协作，在设施农业和畜禽养殖领域，引导龙头企业利用资产作为抵押贷款，通过合作社或直接发放给农工，用于扩大种养规模，增加科技投入。

（五）重点项目

新型经营主体培育重点实施新农人培训和农业产业化龙头企业培育2个项目，总投资5 100万元（表7–4）。

表7–4 新型经营主体培育重点项目

序号	项目名称	建设内容	建设地点	投资（万元）
1	新农人培训	聘请农业技术、经营管理等领域专家，开展新农人培训，每年培训300人次。重点支持培训场地建设、培训教材购买，以及培训队伍引进。	夏日小镇	100
2	农业产业化龙头企业培育	到2030年培育自治区级龙头企业1家，国家级农业产业化龙头企业1家。	夏日小镇	5 000

第八章

农业可持续发展支撑体系

一、农田水利设施体系

（一）现状与问题

“十二五”时期，垦区依靠国土土地整理、农业综合开发、节水增粮项目及千亿斤粮食增产项目，共实施节水灌溉项目15.78万亩，其中：喷灌面积11.84万亩，滴灌面积3.94万亩，完成农田水利投资18 655万元，灌溉方式主要为喷灌与滴灌，农用灌溉机电井128眼。累计实施堤防和护岸工程47.328千米，投资约1.15亿元。

总体来看，受地形、投资等限制，垦区农田水利建设仍然滞后，水利设施薄弱仍然是垦区基础设施的明显短板。水资源开发利用率低，灌溉保证率低，满足不了生产需求。可灌溉面积不足耕地面积的10%，且大部分灌溉项目区不能正常启动，基本靠天吃饭，抵御自然灾害的能力非常低，一旦灾害发生，给农业生产带来灾难性损失。此外，已有的水利设施由于年久失修，大部分不能使用，垦区具有灌溉条件的土地面积是8.54万亩，涉及全局8个农场，但2016年严重干旱，这些灌溉设施无法使用，导致损失严重。

（二）发展思路

以农牧业节水和水源工程建设为核心，着力提高水旱灾害综合防御能力、水资源合理配置和高效利用能力。依托甘河提水枢纽工程和中小型田间配套工程建设，完善田间水利工程设施，推进水肥一体化，促进工程节水；调整灌溉用水结构，推广深耕深松扩容改土、抗旱良种、土壤保水剂等化学制剂，促进农艺节水；推进农业灌溉管理的统一管水用水模式，推广自动化控制灌溉技术，提高农田水利灌溉自动化、信息化水平，实现计划用水、科学管水，促进管理节水。通过综合节水措施和严格的管理措施，提高灌溉保证率、用水率和效益，实现农牧业节水的现代化。

（三）发展目标

全面推进甘河灌区建设，通过采取工程节水、农艺节水和管理节水措施，显著提高灌溉水源供应能力、节水能力和用水效率。

到2020年，提水灌溉19.3万亩，其中：甘河农场10万亩，巴彦农场5万亩，东方红农场3万亩，扎兰河农场1.3万亩。发展水肥一体化灌溉面积4万亩，滴灌面积占总灌溉面积的比例达到20%。

到 2030 年，提水灌溉面积达到 33 万亩，其中：甘河农场 15 万亩，巴彦农场 10 万亩，东方红农场 6 万亩，扎兰河农场 2 万亩。发展水肥一体化灌溉面积 7.5 万亩，滴灌面积占总灌溉面积的比例达到 30%。

（四）重点工程

1. 甘河灌区水利工程

以“就近取水”为原则，以甘河干流为主要水源，统筹考虑从其一级支流奎勒河和二级支流卧罗河等就近取水，采用新建扬水泵站岸边取水的灌溉方式，选择提水条件好、电力、交通设施条件优越的地区，沿着甘河两岸修建分散协调布置的提灌站，修建进水建筑物、泵房、出水建筑物、交通及附属建筑物等组成泵站枢纽，可满足甘河农场、巴彦农场及巴彦乡近 30 万亩耕地灌溉需求，打造粮食旱涝保收田和增产核心区。

2. 水肥一体化示范工程

提升灌溉系统的科技含量，发展“水肥一体化”滴灌，利用垦区集约化管理优势，进行水肥一体化技术管网系统设计，建设水源管网道路等基础设施，进行改造升级，进行了管网系统设计和水源变频设备、过滤设备的配备，安装水肥一体化装置，完善水肥一体化技术模式，优化施肥方案，熟化配套肥料产品，打造水肥一体化技术核心示范基地。

3. 农田水利信息化工程

加快建设灌区自动化控制和信息化管理系统。充分利用自动化、信息化、智能化技术，实现泵站自动检测、故障自动报警、无人值守，管网及田间灌溉远程操作控制，建立覆盖灌区的取水计量设施和在线实时监测体系，灌区管理实现信息自动化，从根本上解决缺乏工程管理手段，有人建无人管的问题。推进防汛抗旱指挥系统、水库大坝安全监测监督平台和水利工程管理信息系统建设，提高农业水利综合决策和管理能力。

4. 农业节水灌溉工程

通过工程节水、农艺节水和管理节水措施大力推进农业节水。在甘河灌区 30 万亩耕地建设田间节水工程，因地制宜推广喷灌、滴灌等现代高效节水工程技术措施。推广土壤改良剂、保水剂和抗旱节水品种等农艺节水措施。建设管理节水示范工程，在甘河灌区以灌溉水源、灌溉泵站、渠系等灌溉工程水文边界、农场或连队为灌溉单元，组建管水用水协会，实施农田灌溉管理的统一用水管水模式，实现有计划蓄水、科学管水、节约用水。

（五）重点项目

农田水利设施体系重点实施甘河流域灌区建设项目，新增灌溉面积 30 万亩，总投资 66 000 万元（表 8–1）。

表 8–1 农田水利设施体系重点项目

序号	项目名称	建设内容	建设地点	投资（万元）
1	甘河流域灌区建设项目	以甘河干流为主要水源，统筹考虑其他支流，采用单极中小型泵站，配套建设农田水利设施、输水管道，新增提水灌溉面积 30 万亩。建设水肥一体化滴灌工程 1 万亩，在适合滴灌的耕地，铺设田间管网和滴灌带，购置水肥一体化滴灌系统、水泵、施肥器和过滤器等设备	甘河农场 6、10、4、14、巴彦农场 1、3、9、10 队东方红农场 2、3	66 000

二、智慧农业服务体系

（一）现状与问题

1. 发展现状

在农业领域，互联网已经引发了深刻变革。随着云计算、大数据、移动互联网、物联网等先进技术的快速融入，“互联网 + 农业”已不是单纯的农产品电商，逐渐融入农业发展的各个环节之中，大兴安岭农垦在智慧农业方面做出了积极探索。

（1）积极开展农机作业智能化。2016 年垦区承担自治区农机深松整地作业补助试点任务 30 万亩，立足这一项目，为垦区大马力机械安装深松智能监测设备 50 台套。开展养殖业智能设施应用，巴彦种羊园建立了自动清粪和精准饲料自动投喂系统。

（2）探索社会化服务信息化。开发 360 农机服务平台和 360 农技服务平台，为广大职工群众提供各类农业惠民政策、新闻，各类种植技术、农机信息、养殖技术等，为大家提供便民服务信息。

（3）开展农产品网络销售模式。积极开展农产品微信平台和网络平台销售，古里农场建设“鲜佰汇”实体店，探索线上线下相结合的销售模式。

2. 存在问题

大农在互联网智慧农业服务体系方面做出了有益的探索，但仍处在起步阶段，存在比较突出的问题。

（1）由于信息化技术和设备更新非常快，已有项目数据采集、传输、存储、共享的手段和方式已经落后。

（2）农牧业物联网应用还仅仅处于个别环节和个别领域的试点阶段，广度和深度都远远不够，离大面积服务于农业生产和经营的目标还很远。

（3）支撑电子商务发展的分等分级、包装仓储、冷链物流等基础设施十分薄弱。

（4）产销信息衔接不畅，广大种植者对国内外市场信息了解很少，只是通过当地的收购者了解市场行情，很难与加工企业对接，所以价格受商贩控制，需要建立大豆、芸豆等主要农产品产销信息的公共平台建设。

（二）发展思路

借助国家农业物联网项目，利用农垦局统一管理的优势，积极推动互联网与云计算、大数据、物联网、VR、遥感、移动通信等新一代信息技术在农牧业中的应用，开展农业物联网等信息技术集成应用和试验示范，实现包括生产智能化、经营网络化、管理数据化和服务在线化在内的生产经营管理全程信息化，打造大农智慧农牧业信息管理与服务平台，创建高产高效信息技术集成示范区。形成基于信息化、智能化农牧业管理与服务的管理新形态，推动互联网与传统产业融合创新发展，为现代农牧业建设提供强有力的支撑。

（三）发展目标

将大农建设成为全国农垦智慧农牧业示范区，实现农牧业生产智能化、经营网络化、管理透明化、消费可视化和服务便捷化。

到2020年，初步建成垦区农业大数据信息平台，实施3～5个农场的农业信息化试点，打造1个国家级农牧业物联网试验示范基地，电商农畜产品网络销售额占比达到20%，农牧业信息化服务覆盖率达到90%。

到2030年，垦区大数据平台实现业务化运行，完成8个农场的农业信息化工作全覆盖，打造2个国家级农牧业物联网试验示范基地，电商农畜产品网络销售额占比达到30%，农牧业信息化服务覆盖率达到100%，垦区智慧农牧业产业体系初步建成。

（四）重点工程

1. 垦区农业大数据平台建设工程

建设垦区农牧业大数据平台，充分利用现代信息和网络技术，多渠道采集农业遥感、气象、统计、贸易等数据。重点开展农作物轮作信息监测、农业投入品监管以及土壤环境监测等基础生产数据信息的整合与电子化。实现对大豆、玉米、小麦、马铃薯、羊肉等主要农产品的监测渠道共建、数据集中共享，以品种为主线，打造为农牧业生产和市场服务的农牧业信息集中发布平台，定期发布重点产业、重点品种的信息产品，并提供信息服务。

2. 农业生产物联网示范工程

以巴彦农场“高寒地区玉米信息物联网应用技术”为基础，在全局 8 个农场进行农牧业生产智能物联网技术的应用示范。围绕大豆、玉米、马铃薯、肉牛和肉羊等产品的种养殖，完善信息基础设施，整合农业信息资源，重点进行现代农业指挥中心建设，大田作物生产信息数据库建设，农机自动驾驶及卫星导航系统建设、农机械信息管理系统建设，智能控制系统建设，开展本地区信息物联网 + 技术应用与示范，延伸服务网络，建立电子宣传和商务销售平台，全面提高农业信息装备和服务水平，用信息技术改造提升农业。

3. 农畜产品电子商务工程

整合呼伦贝尔中垦商粮有限公司和古里农场“鲜佰汇”网络销售试点，积极开展“互联网 +”营销模式，建立大兴安岭农垦农畜产品电子宣传和网络销售平台，利用好线上线下两种渠道。借助阿里、微商城等成熟电子商务平台，建立农垦食品营销专区。通过做渠道、做品牌，打造市场通畅、服务一流的电子商务平台，为市场提供以大兴安岭独特区位优势为卖点的“品生态”高端健康食品。

4. 农业服务信息化工程

完善垦区农业信息网站和微信服务平台功能，大力开发适合职工需要的信息资源，综合利用互联网、短信等多种通信技术手段，丰富农牧业信息服务内容，健全服务网络。加强农业投入品信息化监管平台和种养殖业信息化、自动化和网络化管理平台建设，搭建服务于农业信息监测、农业政策推广、防灾减灾、远程教育等农业综合信息化平台，将互联网、电话网、无线通信网三网合一、集成农业互联网数据中心服务、呼叫中心技术和无线短信彩信等，提高现代农业服务水平。

（五）重点项目

智慧农业服务体系建设重点实施农业大数据信息平台、农产品电商服务平台和物联网技术生产应用项目3个项目，投资共计10 500万元（表8-2）。

表8-2 智慧农业服务体系重点项目

序号	项目名称	建设内容	建设地点	投资（万元）
1	农业大数据信息平台	建设垦区农业信息中心和8个农场农业信息站点，配套农资监管、农机安全和土地流转信息采集及处理设备和软件，每个站点配备1～2名农业信息数据采集员。	夏日小镇及各农场	2 500
2	农产品电商服务平台	建设电子商务产业园，搭建大兴安岭农垦农产品电商销售平台，在天猫、京东、1号店等知名电商平台建设大兴安岭农垦特色农产品旗舰店。配套建设特色农产品体验店、电商创业园、仓储物流、结算中心等功能区。	夏日小镇	5 000
3	物联网技术生产应用项目	建设大豆、杂粮杂豆、肉牛肉羊生产信息化示范基地3个，利用物联网、3S、电信网络等现代信息技术开展农情监测、精准施肥、智能灌溉、设施农业生产、生态畜牧养殖等信息化示范，实现农业生产全程信息化监管与应用。以巴彦农场采摘园为重点，搭建农业物联网服务平台，应用农业物联网智慧系统建设集农业展示、生产经营、观光旅游、现场采摘为一体的智能化设施蔬果园。	东方红农场、巴彦农场、扎兰河农场	12 000

三、新技术新模式示范推广体系

（一）现状与问题

1. 发展现状

垦区历来重视新品种新技术引进试验和示范推广，“十二五”期间，推广应用农业新品种、新技术70多项，垦区科技水平不断提升，科技贡献率达到了70%，农业科技成果转化率达到82%。对现代农业发展起到了强有力的支撑作用。

（1）创新农业栽培技术。在保护性耕作、测土配方施肥、高产创建、化促化控、病虫草防治、大豆垄上三行窄沟密植技术、大豆大垄三行密植技术、玉米大垄双行密植、玉米茬浅旋原垄卡种等技术，在生产实践中，取得了显著经济效益。2011年大垦区《大豆垄上三行窄沟密植技术推广》获自治区农牧业丰收壹等奖，《海拉尔垦区高寒旱作农业保护性耕作技术的研究与推广》项目，2013年获呼伦贝尔市科技进步一等奖。垦区的油菜、大豆高产栽培技术已分别被农垦局确定为全国农垦北方地区栽培模式。

（2）种业发展取得显著成效。垦区以巴彦种业为核心，由分散的小而全生产经营向专业化、集团化转变，实现种子产业化和行业的现代化，2015年将对巴彦农场种业公司进行改革，与呼伦贝尔生态产业研究院、华大基因等单位进行强强联合，扩大规模，增强科研实力，建成繁育、生产、加工、销售四位一体大型种业公司；畜牧业良种繁育工程取得突破性进展，与天津奥群牧业开展种羊引入项目合作，引进澳洲白种羊50只，建成了现代化、集约化、规模化、标准化的巴彦农场种羊园，并取得了自治区颁发的种羊经营许可证。

（3）农业科技示范带动作用显著。2009年建立的"中德示范农场"位于甘河农场，两国生产技术人员在生产技术创新、耕作制度建设、农艺措施研究、先进大型农机具应等方面开展了广泛合作和探索，为农垦推广普及大型农机装备、应用先进科技措施、为广大周边农村地区示范带动起到了重要作用。

（4）开展人才引进与培训。垦区高度重视人才培养，近年来通过公开招聘，吸引技术人员到垦区扎根工作，加强技术服务队伍的建设工作，每年利用"科技之冬"活动，组织专业技术人员分批分期深入农场连队开展专业培训工作，同时对基层防疫人员进行集中培训，周边农民都积极主动参加，农场职工与农民经常交流。

2. 存在问题

（1）创新与成果转化水平有待提高，由于投入少、资源分散、力量薄弱等原因，品种研发、技术创新与成果转化水平较低，难以适应生产发展的需要。

（2）农技推广队伍建设滞后，现有农技推广人员已经无法满足农牧业生产发展的需要，农技推广队伍存在非专业人员过多、中青年技术人员少的结构问题。

（3）经费投入不足，农技推广机构及畜牧服务体系已经初步构建，但由于工作经费投入不足，农技服务工作的实际水平和效果远远不能满足需求。

（二）发展思路

依托呼伦贝尔农垦生态产业技术研究院平台，与中国科学院、中国农业科学院、中国农业大学、华大基因及国外相关一批科研院所开展广泛的战略合作，构建农牧业科技创新联盟和区域技术中心，加快农牧业科技创新，重点攻克高纬度寒地循环利用、品种繁育、绿色栽培和加工增值等技术。以节本增效、优质安全、绿色生态技术为方向，在技术引进、消化、创新基础上，用现代适用农业技术和先进的装备武装农业，用现代农业科技知识培养人才，优化科术人员队伍，建设科技试验示范园区和主要农产品供应基地，加强农艺农机有效融合，加速科技成果转化，推动农业发展向依靠科技进步、劳动者素质提高和管理创新方面转变。加强农垦农业技术推广服务体系建设，重点开展大豆、小麦、马铃薯、杂粮杂豆和牧草等重点作物的高产高效技术集成示范，加强示范基地建设，推动绿色、高效、可持续现代农业发展。

（三）发展目标

创建我国高寒地区循环农业技术创新中心，打造成我国高纬度寒地循环农业适用技术研发与和成果转化基地。

到 2020 年，初步建成我国高寒地区循环农业技术创新联盟，建成农业专家工作站 1 座，博士后工作站 2 个。垦区农牧业科技进步贡献率达到 75%，农业科技成果转化率达到 85%，主要作物良种覆盖率达到 99% 以上，培育 1 个适应性强、繁殖率高、产肉率高、胴体品质好的肉羊品种，累积培训职工 8 万人次以上。

到 2030 年，争取建成我国高寒地区循环农业技术创新中心，垦区农牧业科技进步贡献率达到 80%，农业科技成果转化结构进一步优化，主要作物良种实现全覆盖，家畜改良率达到 99%，累积培训职工 20 万人次以上。

（四）重点工程

1. 寒地循环农业技术试验示范工程

依托呼伦贝尔农垦生态产业技术研究院平台，针对垦区农业可持续发展面临的主要瓶颈问题，开展北方高寒地区循环农业技术和模式研究、试验示范和推广。重点开展种养循环模式、林下经济、农作物秸秆资源化利用、黑土地保护与修复、粮豆轮作、土壤有机质提升、节水灌溉等生态循环农业技术示范推广，为垦区农业可持续发展提供技术支撑。

2. 引智工程

通过建立农业专家工作站、博士后流动站、科学实验基地等方式，搭建垦区产学研推平台，与中国科学院、中国农业科学院、中国农业大学、华大基因等科研机构开展战略合作。重点开展“畜、豆、粮、薯、特”等主导产品的新品种培育、栽培、病害防治、机械化、良种繁育、养殖技术及农副产品深加工开发等领域的联合技术攻关，并率先在垦区示范推广。

3. 新品种新技术推广服务工程

根据垦区产业发展实际和可持续发展需求，建立专业化的新品种新技术和新模式推广队伍，承担新品种新技术的示范和推广，为采纳新品种新技术和新模式的职工提供生产答疑、技术指导和技术服务。建立 2 个试验示范教学基地，承担垦区所有新品种引进新技术、新模式推广与集成应用，并作为教学观摩基地，定期组织职工参加培训，形成先进适用技术模式推广与培训的长效机制。

（五）重点项目

新技术、新模式示范推广体系重点实施引智工程、新品种新技术试验示范教学基地 2 个项目，投资共计 11 000 万元（表 8–3）。

表 8–3　新技术新模式示范推广体系重点项目

序号	项目名称	建设内容	建设地点	投资（万元）
1	引智工程	设立农业专家工作站 1 座、博士后流动站 2 个。针对垦区产业技术发展的瓶颈，与农业科研院所、高等院校开展联合攻关。	夏日小镇	10 000
2	新品种新技术试验示范教学基地	建设试验示范基地 2 处，承担垦区所有新品种引进试验、新技术的示范推广与集成应用和教学培训。	欧肯河农场、甘河农场	1 000

四、可持续发展物质装备体系

（一）现状与问题

1. 发展现状

（1）农牧业机械化水平全国领先。垦区大力实施农机装备工程，坚持用当今国内外最先进农机化技术与机械来更新垦区的农机装备，使垦区的农机装备水平发生了巨大变化。近 5 年来，集体和个人累计投入 3.05 亿元更新各类农机装备

1 498 台套，农机装备水平跃居全国先进行列。截至 2016 年，农业机械类型具全，农机总动力 21.1 万千瓦，大中型拖拉机 363 台，收获机械 431 台，精量播种机 4 289 台。其中：200 马力（1 马力≈ 735 瓦）以上进口大型拖拉机 54 台，320 马力以上大型收获机 38 台，农业机械化综合水平达到 98% 以上，保护性耕作机械化率 100%。拥有甘河、巴彦 2 个农机标准化示范农场及东方红 1 个农机标准农场，垦区玉米、小麦、大豆等作物已实现全程机械化。

（2）农机作业安全有效保障。为了有效防范和遏制农机重特大事故发生，各级农机管理部门广泛开展农机安全宣传教育，在每项作业前都召开安全教育专题会，要求作业车组签订安全生产责任书，将安全生产工作落实到车组及个人；在作业过程中，生产科及各生产队管理人员经常深入田间进行检查，开展事故隐患排查和整治；农机监理人员加大路检路查力度，严厉查处违法违章行为，力保农机零事故，从源头上杜绝了农机重特大事故的发生。

（3）农牧业设施化水平有所提高。建设人畜分离养殖小区 17 处，实现舍饲养殖肉牛肉羊 4.9 万只（头），累计建设牲畜圈舍 129 栋 60 758 平方米，完成 1 452 户 12.3 万头（只）肉牛、肉羊的人畜分离工作。

2. 存在问题

大农农机装备水平较高，在全国都是居于绝对领先地位。但农业机械结构需要进一步优化，信息化水平总体比较低，农机农艺结合水平还不尽如人意，农用航空等高效率现代化机械应用率亟须提升。

（二）发展思路

以提高现代农业装备水平和促进农业发展方式转变为目标，以农机农艺融合、机械化与多种形式适度规模经营融合、机械化信息化融合为路径，推动农机装备和作业水平向数量质量效益并重转型升级。优化农机结构，大范围应用大马力、高性能农业机械和复式作业机具，提高大型农业机械装备比例，推进深松整地、保护性耕作、高效植保、大豆和玉米收获、秸秆还田收贮、粮食烘干等机械装备和技术应用。积极发展农用航空，扩大农用航空作业范围，建设标准化机务区，加快“机器换人”的实现。重点发展水肥一体化设施设备，提升农田灌溉科技含量。

（三）发展目标

农机装备总量稳步增长，结构持续改善，农机精准作业能力显著增强，农机安全生产水平全面提升，农用航空快速发展。

到2020年，全垦区农机总动力突破23万千瓦，大中型动力达到500台，占比进一步提高，大中型机械精准化作业率达到80%；建设农用飞机场3处、购置大型农用飞机6架。

到2030年，全垦区农机总动力突破25万千瓦，大中型动力达到600台，大中型机械精准化作业率达到100%；累积建设农用飞机场5处、购置大型农用飞机8架、小型无人农用机10架；发展水肥一体化灌溉面积10万亩。

（四）重点工程

1. 农机装备结构优化工程

围绕粮食、马铃薯和畜牧业的规模化、专业化、标准化的生产需求，重点扶持职工购置大型、先进、适用的复式和高性能农机具，使垦区主要农机装备数量稳步增长、质量大幅提升、机具结构更加合理。加大对深松免耕等保护性耕作、精量点播、电子监控、秸秆还田和收集打捆等配套农机具的支持力度。装备高效的现代化农业航空装备，全面提高农业机械化装备水平。

2. “机器换人”工程

围绕大豆、玉米、小麦、商品薯等主要大田粮食作物及饲草料，推进作物品种、栽培技术和机械装备集成配套和生产全过程各环节机械化技术配套，大力推进农作物全程机械化水平。巩固提高深松整地、精量少播种、玉米机收、马铃薯机播与机收、大豆机收等环节机械化作业水平，推广中耕施肥、粮食烘干、马铃薯收后分拣、秸秆处理等机械应用试点，大力推进全程机械化的升级，实现机器对人的替代。

3. 农机信息化工程

运用现代化通信技术、网络技术、自动化技术以及电子监控、GPS卫星定位和GIS地理信息系统等先进技术，增强农机作业调度指挥中心的动态掌控能力和科学调度水平。充分利用农机化信息资源，按照农机化信息系统建设原则和专业特点，初步建立政务信息、政策法规、科研推广、管理服务、购机补贴等应用型数据库，实现信息公开与共享，重点开发农机化管理资料、农机统计、农机化标准、农机市场、农机企业、农机产品、农机新技术数据库，满足各层次信息用户的需求。

4. 农业设施化建设工程

依托农业园区、标准化养殖场（小区）大力发展农业现代化设施，提高规模化、集约化、机械化、信息化程度。继续加大投入力度，同步推进标准化生产、社会化服务和市场开发，加快扩大设施种植业的规模，提高设施种植业经营水平和质量效益。以推进标准化圈舍建设和改造为重点，着力引导建设标准化规模养殖场（小区），鼓励支持规模养殖户（场）加大投入力度，配套建设安全饮水、智能投喂设备、饲草料棚、牧草青贮等畜牧业生产相关设施。

（五）重点项目

现代农业装备体系建设重点农业生产全程机械化推广、农机智能化信息化和农用飞机装备3个项目，投资共计17 000万元（表8-4）。

表8-4　可持续发展物质装备体系重点项目

序号	项目名称	建设内容	建设地点	投资（万元）
1	生产全程机械化推广项目	建设大豆、玉米、小麦、马铃薯全程机械化作业示范点共8个，示范联合收获机、智能节水灌溉设施、农副产品加工机械等现代农业机械的应用。	各农场	5 000
2	农机智能化信息化项目	依托农业大数据信息平台，为垦区所有大中型农机全部安装GPS卫星定位和GIS地理信息系统和智能控制系统，建立大田作物农机作业信息数据库、耕作、土壤及生产信息数据库。	各农场	6 000
3	农用飞机装备项目	建设农用飞机场5处，购置大型农用飞机8架，小型无人农用机10架。	各农场	6 000

五、产品质量安全体系

（一）现状与问题

1. 发展现状

（1）生态环境优良，有效保障农产品质量。大兴安岭垦区耕地集中连片，黑土层厚、有机质含量高、土质肥沃，农业生产上可以少用化肥；气候冷凉、无霜期短、土地资源开发时间短，病虫害发生较轻，机械和人工除草相结合，农业生产上可以不用或少用农药；农畜产品全部为非转基因，是全国少有的一片净土。垦区及周边地区没有化工企业，地广人稀，生态环境好，空气清新、水质纯净、土壤未受到任何污染。

（2）重视品牌打造。垦区按照国家农垦局的指示大力实施“联合联营联盟，打造国际大粮商”战略，深化对外合作，着力打造安全、绿色、有机的“呼伦贝尔品生态”品牌，建设具有农垦特色的绿色农畜产品生产加工输出基地。

（3）“三品一标”认证取得可喜成绩。目前全局已经认证绿色食品面积80万亩，其中：大豆50万亩，玉米20万亩，芸豆10万亩，覆盖了全局八个农场。为扩大绿色食品认证范围，今年上半年申报20万亩绿色食品小麦认证，材料已报呼伦贝尔市绿色食品发展中心审核。小麦产品已经过谱尼测试公司检验合格，从而垦区绿色食品认证面积达到100万亩。2015年垦区与嘉博文公司合作在垦区种植有机作物8 600亩（黑小麦500亩、大豆8 100亩），生产产品893吨。以上产品经色瑞斯公司在德国和中国分别检验，都符合有机产品品质要求，为进一步验证产品品质，又委托那吉屯农场将有机黑小麦送到国内谱尼公司检验，也完全符合有机产品指标要求。

（4）质量追溯工作有序推进。在“三品一标”的基础上，垦区开展了农产品质量追溯工作，扎兰河农场、甘河农场的4万亩大豆生产先后获得农垦农产品质量追溯系统建设项目，获得了项目资金。

2. 存在问题

垦区具有得天独厚的生产优质农畜产品的条件，但仍然存在一些不可忽视的问题。

（1）垦区农业生产一直坚持高投入、高产出模式，耕地利用存在高强度、超负荷的问题，造成一定的耕地重金属污染和土壤酸化、农药残留问题。

（2）由于产品的优质并未体现在市场的优价上，职工群众对提高农产品质量的认识程度不高。

（3）垦区绿色有机产品多为原字号产品，由于龙头企业不强，深加工产品受各种因素限制，缺少具有影响力的名牌产品，产品销售比较难，产业化进程受到影响。

（二）发展思路

服务垦区大健康产业，坚持质量兴农，实施农业标准化战略，突出优质、安全、绿色导向，按照抓“两头”（农业投入品市场监管、农畜产品销售市场监管）、促“中间”（农业标准化生产、农产品规范化加工）、带“全程”（全过程有效监管）的思路，以农牧业标准化生产、农牧业投入品监管、农产品流通监管、农产品质量安全监测为重点，建设农产品质量安全监管、检测、标准化、可追溯“四大体系”，依托“全原生态资源环境、全产业链管理模式、全过程重品质保障、全农垦人诚信支撑”，全面提高农畜产品生产的标准化、品牌化、规模化和产业化水平。

（三）发展目标

全面提升农产品质量安全保障能力和监管水平，打造成国家级农产品质量安全示范区和种养结合绿色发展示范区。

到 2020 年，创建国家级农产品质量安全示范县（场）1 个，农产品质量安全例行监测总体合格率达到 100%，农畜产品质量可追溯覆盖面积达到 50%，“三品一标”认定面积稳定在 100 万亩，形成政府推进、行业监管、市场运作的农畜产品品牌发展良性环境。

到 2030 年，争创国家级农产品质量安全示范县（场）1 个，农产品质量安全例行监测总体合格率达到 100%，农畜产品质量可追溯覆盖面积达到 80%，“三品一标”认定面积达到 120 万亩，形成政府推进、行业监管、市场运作的农畜产品品牌发展良性环境。

（四）重点工程

1. 农牧业标准化生产促进工程

按照“一品生态、众口可调”的理念，扩大无公害、绿色、有机食品的种植面积和养殖数量，借鉴国家标准和 GMP、GAP、HACCP、ISO 等国际通行标准，着力建设集约化、科技化、优质化、标准化绿色食品生产基地。组织一批企业、合作社、大户按照标准流程率先实行标准化生产，建立一批农牧业标准化示范先行基地；依托龙头企业、合作社的示范推广，全局范围内开展良种、良法和测土配方施肥等生产技术，实现整个农牧业生产过程的投入品统一管理、统一配送、统一指导使用。

2. 农畜产品质量安全监管工程

建立健全产地环境管理、生产过程管控、产品准入准出等制度，严格证前审核把关和证后监管，推动建立健全局场队三级监管机构，构建网格化监管体系。依托标准化生产基地建设覆盖全市产地环境、投入品、农产品及其生产过程的质检体系和网络信息报送与监管平台。加强产地环境监控，加强种子、化肥、农药、兽药、饲料添加剂等重点农牧业投入品的监管，加强以产业化基地为重点的农业生产过程监管。提高农畜产品质量安全监管执法能力，强化责任追究，严厉打击非法添加、制假售假等违法行为。

3. 农产品质量安全可追溯体系建设工程

在扎兰河农场、甘河农场农产品质量追溯系统建设的基础上，扩大可追溯面积、拓展追溯深度。按照生产有记录、信息可查询、流向可追踪、责任可追究、质量有保障的要求，建立和健全以制度为保证、技术标准为基础、日常监管与例行监管相结合、产地和产品认证为手段的农产品质量安全监督管理与追溯体系，按照从生产到销售每个环节可相互追查的原则，建立农畜产品生产、经营记录和追溯制度，有效推行良好农业规范（GAP）、良好操作规范（GMP）、危害分析与关键控制点（HACCP）等质量安全管理技术体系，鼓励农牧业产业化龙头企业开展ISO 9001、ISO 14000等质量管理体系认证。通过建立追溯信息管理平台，有效传递、识别、追溯各环节农畜产品质量安全情况。

4. 品牌攻坚工程

制订实施农牧业品牌打造实施方案，依托特色优势资源，明确主导产业和特色产品，把特色农畜产品品牌宣传作为一项长期战略来抓，强化农畜产品品牌知青文化、军垦文化、地域文化等内涵。策划产品推介会、展销会、美食节等活动，在北京、上海、天津等一线城市建设呼伦贝尔绿色农畜产品展示展销平台，积极推进“互联网＋品牌农业”，以电子商务模式为基础，拓展品牌农产品营销渠道，实现品牌宣传多渠道、系统化、长期化。积极申报国家、自治区级龙头企业、驰名著名商标，推进“三品一标”认证基地集群化发展。大力宣传“大豆、有机黑小麦、优质杂粮”等绿色产品，注册“蒙垦兴安”“老军垦”“老知青”等品牌商标，打造高纬寒地纯天然、非转基因、绿色有机农产品品牌。

5. 农牧业经营主体诚信体系打造工程

组织建立大兴安岭农垦管理局诚信联盟，制定联盟章程、相关生产技术标准和诚信建设自律制度。完成域内企业和农场职工信用信息采集和归档管理，对入选的农产品生产和经营主体进行信息采集和归档管理。制定农产品质量安全诚信评价标准，组织对从事农产品生产与经营的企业、合作社、家庭农场等主体进行综合评价，确定农产品质量安全诚信等级。设立诚信奖惩制度，奖励在实施农牧业标准化生产、开展农业品牌建设、提升农产品质量安全等方面有突出贡献的经营主体，对连续两年以上被评为不合格的主体采取“黑名单”制度，在“诚信网”上予以登记。

（五）重点项目

产品质量安全体系重点建设农产品质量追溯体系、品牌培育工程 2 个项目，投资共计 5 000 万元（表 8–5）。

表 8–5　产品质量安全体系重点项目

序号	项目名称	建设内容	建设地点	投资（万元）
1	农产品质量追溯体系建设	利用物联网技术，率先建设大豆全程质量追溯体系和生产信息系统，并逐步扩展到肉牛肉羊、杂粮杂豆等产品。建设垦区农产品质量追溯信息化系统平台，购置信息系统建设与关键设备配置，综合应用农产品电子标签及条码标识技术、信息采集与传输技术、移动数据采集技术与可靠传输技术。（对应所有产品）	夏日小镇	2 000
2	品牌培育工程	开展商标注册、“三品一标”认证、媒体广告宣传，参加、举办各种交易会、展览会推介产品，组建专业团队，完善品牌创建工作机制，塑造品牌形象。	夏日小镇	3 000

六、可持续发展社会化服务体系

（一）现状与问题

1. 发展现状

垦区积极推行和完善大农场统筹小农场、统分结合的双层经营体制，原则就是宜统则统，宜分则分，统的做标准、做示范，分别给予生产资料、农机、科技、资金等方面的产前、产中、产后社会化服务。大农的大部分耕地已经承包给职工，但种子、农药、化肥、柴油等主要农业生产资料均采取统一采购模式，再提供给农场职工，并且向周边的农民提供农资供应社会化服务。目前甘河、巴彦、宜里、东方红已经建成了农机服务中心，开始向农场职工和周边农户提供从耕到收的农机社会化服务，为广大周边农村地区示范带动起到了重要作用。集团公司在农业社会化服务信息化方面做出了突破性的探索，初步创建两个微信公众平台，分别为“农机服务 360”与“农技服务 360”两个服务平台。通过微信“农机服务 360”平台可以为垦区范围内有机代耕户服务，提高有机户的工作效率与服务质量。通过微信“农技服务 360”平台可以为广大种植户服务，解决职工在农业生产产前、产中、产后存在的疑难技术问题。

2. 存在问题

一是能够提供农业社会化服务的主体较少、领域窄，目前能够真正提供社会化服务的基本限于几个农场农机服务中心提供的代耕代收服务；二是覆盖面较窄，农业装备能力未能充分发挥，亟须加强对农场职工及周边农户的农业统防统治等技术领域的社会化服务。

（二）发展思路

面向农业生产经营全过程，推动公益性服务和经营性服务相结合、专业性服务和综合性服务相协调。充分发挥市场机制作用，引导扶持农机、农技社会化服务组织建设，培育农机、农技市场流通体系，提高农机社会化服务范围与水平，切实转变农业发展方式，拓宽服务领域，创新服务机制。继续推进农业社会化服务的信息化进程，着力实现服务内容从关键环节向全程全面服务转变，服务区域从小规模小区域向整建制大规模服务转变，服务组织从兼业化服务向专业化服务转变。构建符合现代生态农牧业产业化特点、覆盖农业生产全程的专业化经营服务体系。

（三）发展目标

促进农业生产服务主体多元化发展，推动农业生产服务能力不断提升、服务内容不断拓展、服务标准不断健全。

到 2020 年，通过农业生产社会服务体系建设，推动全局农业生产社会服务试点建设，组建农民专业合作社联合社、农业服务公司、农机专业合作社等农业社会化服务组织 10 家，农机服务作业面积达到 200 万亩，专业化统防统治组织 10 家，专业化统防统治覆盖率达到 40%。

到 2030 年，组建农民专业合作社联合社、农业服务公司、农机专业合作社等农业社会化服务组织 15 家，农机服务作业面积达到 300 万亩，专业化统防统治组织 15 家，专业化统防统治覆盖率达到 80%。

（四）重点工程

1. 农业防灾减灾服务工程

完善垦区气象管理体系和基本业务体系建设。进一步提高监测预报能力、短期气候趋势预测和农业年景分析的准确率。完成信息网络建设，为提高信息获取能力和资料共享提供保障。完善以增雨防雹为重点的人工影响天气作业体系和保障体系建设，实现垦区耕地全面积防控。加强农产品质量检测体系建设，以管理局为主体，建立完备的质量检测服务体系，为农产品质量安全提供保障。

2. 农产品市场物流服务工程

拓展服务领域，在农资、石油、农机、农技、粮食银行、物流仓储等全领域拓展业务，通过比价招标成为优质石油、农资、农药、农机、包装物等驰名品牌独家区域代理商。在满足垦区自身需求基础上服务社会，面向全市农村牧区建立网点，为广大农牧民提供各类服务，并积极谋划争取进入东北、俄蒙市场，壮大企业综合实力。

3. 农机社会化服务能力提升工程

更新农机装备，整合农机力量，延伸服务触角，为周边农民提供大型农机作业、农业投入品供应、农产品加工和产品运销等社会化服务，充分发挥已经建成的甘河、巴彦、宜里、东方红农机服务中心作用，开展农机标准化管理、社会化服务，增强对周边区域辐射带动能力，引领全市农业大发展，打造全区现代农业先导区。其他农场要在位于公路沿线、土地规模较大的生产队或场直地区建立农机服务中心，对机车进行“六统一”管理，保障农机具的完好状态和使用效率的发挥，增强垦区农机社会化服务功能。

4. 农业社会化服务“360 工程”

充分利用初步建成的“农机服务 360”与“农技服务 360”两个微信公众平台，开展农机和农技社会化服务信息手段提升工程。要按照“平台统一、内容共建”原则，开展信息采集、数据编辑、归类存档等工作，加大网络资源开发和利用力度，横向整合各个农场农机服务中心，最终形成覆盖全面的农机系统、信息资源高度共享的农机服务微信平台，提供更加直观、更加有效的信息服务，进一步提高农机信息服务覆盖率。为农技推广服务插上信息化的翅膀，进一步提升农技推广服务效能，要将农业科技创新体系、产业技术体系、基层农技推广体系和新型职业农民培育工程的信息化管理和服务工作结合起来，及时搜集发布新品种、新技术、供求、价格、预测等信息，通过农技微信服务平台建设，切实让农民真正获得精准、及时、全程的顾问式服务。

（五）重点项目

可持续发展社会化服务体系重点是农技 360、农机 360 和农用航空社会化服务 2 个项目，投资共计 900 万元（表 8–6）。

表 8-6 可持续发展社会化服务体系

序号	项目名称	建设内容	建设地点	投资（万元）
1	农技360、农机360项目	在原有农技服务360微信公众平台基础上，完善技术服务队伍，为农场新品种新技术的推广提供支撑；完善农机服务360微信公众平台，更新农机设备，整合农机力量，建立农机服务中心，对机车进行“六统一”管理。	夏日小镇	600
2	农用航空社会化服务项目	建立农用航空社会化服务队伍，培训专业驾驶人员，利用垦区“农用航空”装备设施，为周边地区提供专业化服务。	夏日小镇	300

第九章

可持续发展机制体制创新

一、垦区体制改革与创新

（一）现状与问题

大兴安岭垦区始建于1960年，是一个以农牧业为基础，集工、商、贸、旅游等多元产业同步发展的大型现代国有企业集团。截至2016年年末，垦区拥有18个企事业单位，现有资产25亿元，耕地面积125万亩，机械总动力21.1万千瓦，牲畜存栏18.6万头（匹、只）。户籍总户数24 030户、63 959人，其中在职职工7 975人，离退休人员8 519人。各业实现总收入20.8亿元，人均收入12 029元，职均收入34 986元。近年来，随着市场经济体制的不断完善，大兴安岭农垦集团逐步成为市场竞争的主体，但现行体制严重制约着集团的发展。主要表现在以下几个方面：

（1）企业分离办社会职能不彻底、负担重。大兴安岭垦区国有农场办社会职能主要分两类情况：一是已经分离的教育和公安政法机构，但并不彻底，目前垦区还一直承担着离退休教师50%津补贴和公安干警公用经费；二是未分离的由垦区承担办社会职能的主要包括，社会行政职能、社会事业职能和社会服务性职能3个方面，相关职能目前仍为垦区继续承办。目前垦区国有农场办社会职能机构总数162个，办社会职能系统人数2 213人，其中在职人员1 097人、退休人员991人、离休老干部44人、新中国成立前工人13人。2016年垦区办社会支出总额50 309.7万元，垦区办社会经费的主要来源，主要包括农垦事业费885万元，财政转移支付944万元，事业各类收入4 303.2万元，垦区承担38 403万元。大量行政性、社会性、公益性的沉重负担使企业处于负重前行的发展困境。

（2）公司制改革推进缓慢、举步维艰。按照《党中央国务院关于进一步推进农垦改革发展的意见》精神，垦区集团化、农场企业化改革基本形成，但长期以来形成的行政思维与管理方式在大兴安岭农垦集团普遍存在，公司化运行机制基本没有建立起来。另外，部分党员干部能力不足，无法胜任工作，担当意识、工作能力与改革要求不相适应，个别干部悲观失望、怨天尤人、得过且过、不思进取，工作推着干，新的招数不多。

（二）发展思路

按照国家推进垦区集团化、农场企业化的改革主线，立足大兴安岭农垦发展实际，推进集团公司制股份制改革，推进大兴安岭农垦集团 18 家下属企事业单位进行公司制改革，构建以股权为纽带的全资或控股的母子公司制。设立由股东大会、董事会、监事会、经理层的公司法人治理结构，完善集团公司的组织架构。组建设立生产加工部、物流运输部、市场营销部三大事业部，设立财务部、发展规划部、人力资源管理部等，“去行政化”实施部制经营管理体制。创新激励分配机制，设置常规激励、晋升与破格重大奖励并行，建立兼顾公平和效率的薪酬激励机制。探索通过购买服务、属地化归编等方式，积极与地方政府协调，逐步剥离集团公司的社会管理和公共服务职能。

（三）发展目标

到 2030 年，集团公司制股份制、母子公司制改革基本完成，公司法人治理结构顺利推进，部制经营体制基本形成，薪酬激励机制与制度健全完善，集团公司的社会管理和公共服务职能统一纳入地方政府统一管理、完成剥离，企业发展活力不断增强，国有资产保值增值明显，垦区改革经验在全区得到广泛推广，企业成长为具备国际竞争力的现代农业企业集团。

（四）改革举措

1. 推进集团公司制股份制、母子公司制改革

推动大兴安岭农垦集团层面进行公司制股份制改革，基于垦区资源条件和发展基础，积极引入其他国有资本或各类非国有资本实现股权多元化，调整国有股权比例，从而改变原有产权结构和经营机制，促进集团公司市场化运作。推进大兴安岭农垦集团 18 家下属企事业单位进行公司制改革，集团公司以股权为纽带建立全资或控股的母子公司制，农垦集团作为母公司依法享有选择子公司管理者、重大决策及获得投资收益的权利，并调控子公司生产经营方向，子公司承担企业生产、经营活动的管理的责任与权利，形成产权清晰、权责明确、政企分开、管理科学的现代企业制度，调动子公司在经营管理方面的积极性和主动性，最大限度地集中各种力量做好集团的重点发展领域和项目，提高市场竞争力。

2. 建立健全公司法人治理结构

遵循法定原则、效率性原则、规范性原则和有效制衡原则，农垦集团公司设立由股东大会、董事会、监事会、经理层的公司法人治理结构。股东大会由全体股东组成，是公司的最高权力机构，依法行使公司经营方针、筹资、投资、利润分配等重大事项的表决权。董事会由股东大会选举或更换，对股东大会负责，依

法行使公司的经营决策权。监事会对股东大会负责，监督公司董事、经理和其他高级管理人员依法履行职责。监事按照法定比例，分别由股东代表和员工代表出任，股东代表出任的监事，由公司股东提名，股东大会选举产生；员工代表出任的监事，由公司员工民主选举产生。经理层由大兴安岭农垦集团公司的总经理、副总经理和总会计师构成，对董事会负责，组织实施董事会决议事项，主持公司的生产经营管理工作。

3. “去行政化”实行部制经营管理体制

在大兴安岭农垦集团母公司组建设立生产加工部、物流运输部、市场营销部三大事业部，设立财务部、发展规划部、人力资源管理部等。其中，生产加工部负责集团公司生产、技术、安全、环保、基地和质量管理工作，组织生产、生产过程管理、产品收购、产品仓储、加工技术、设备、安全管理、环境保护及成本控制等；指导、监督绿色食品、有机食品种植基地的管理。市场营销部负责农垦集团公司产成品销售计划、产销协调、销售合同，营销策划、包装物计划与采购、产品管理、品牌监督，以及子公司与经销商的管理，价格信息的调研、分析和发布；开发空白销售市场，进行销售区域划分、客户服务工作。物流运输部负责农垦集团公司产品铁路、公司和海上运输计划的制订和报批管理，合同订单执行过程中的生产、仓储、运输、销售协调，制订铁路运输计划管理相关制度与流程，站台产品安全库存管理，集团产品发运与库存数量控制，对外运输增量业务，集团产运销调度协调和运输保险业务。研发部负责市场调研、品牌管理、企业和产品宣传，产品包装设计和知识产权，企业和品牌形象的传播，展会的筹备、参展；研发信息搜集与分析、新品研发与引进、新工艺研发、获取研发政策支持、研发机构信息搜集与合作、新技术研究与引进、配合项目的验收，协助生产工艺更新。

4. 建立兼顾公平和效率的薪酬激励机制

设立薪酬与考核委员会，制订董事、监事与高级管理人员考核的标准、薪酬政策与方案，并进行考核和奖励等。公司人力资源部加快完善垦区《工资薪酬分配办法》，创新激励分配机制，把工资收入与工作岗位、绩效挂钩，探索实行以岗定薪、量化考核为主的薪酬管理制度。建立行政职务和技术职称晋升两条通道，鼓励员工考取专业资格、晋升专业技术职称，对于具有专业资格或技术职称的员工，公司按照初级、中级、高级等档次分级给予一定的补贴，并作为晋升主管和高级主管的参考依据。大兴安岭农垦集团及其子公司在完成股份制改革后，还可以采取期股期权、模拟股份、关键技术折股等形式对经营者、业务骨干、核心技术人员进行股权激励。重奖在技术创新、资本运营、产品营销、品牌培育等方面的领军人物和优秀团队，打破唯职级论的分配方式。

5. 积极协调剥离集团公司的社会管理和公共服务职能

按照坚定方向、先易后难、平稳有序的原则，加快垦区国有农场承担的教育和公安政法机构与职能的移交、分离，试行一定时期内（如 10 年期）大兴安岭垦区农场通过购买服务等方式，逐渐降低支付离退休教师津补贴和公安干警公用经费比例，直至全部统一纳入地方政府统一管理。与地方政府联合探索，社会管理属地化而出现的新岗位用来安置农场现相关机构干部职工的方式，逐步解决机构编制、人员安置、所需经费等问题，逐步剥离农垦承担的公共卫生和基本医疗服务职能。与地方政府联合，探索设街道、居委会等多种方式，由政府授权，一定时期内政府和农垦联合购买服务方式来承担农场改企转制后的社会管理和公共服务职能。清理核实办社会机构的各项资产债务，推动资产债务同步划转。

二、垦区土地产权制度改革与创新

（一）现状与问题

土地是农垦建设现代农业、发挥示范带动作用的重要物质基础。中央及相关部委多次出台意见，旨在加快推进农垦国有土地使用权确权登记发证工作，但全国农垦国有土地确权登记发证率总体不高。大兴安岭农垦 2016 年 1 月 19 日下发文件，要求各农场相继开展了土地确权摸底调查工作。垦区国土资源处依据 1980 年和 1982 年鄂莫两旗政府对各《农场划界报告的批复》，聘请齐齐哈尔市专业测绘公司制作各农场场界图和垦区总图，摸清了原批复场界范围内的各地类面积及权属。但大兴安岭垦区土地产权制度改革工作仍然面临诸多问题。

土地确权方面。大兴安岭垦区土地确权工作，涉及鄂莫两个自治旗二期土地开发耕地，涉及国家林业局所属的大杨树、毕拉河林业局的林权证交叉重叠，涉及已经承包使用的草原确定给农户等诸多问题，牵涉面广，林草纠纷多、矛盾大，单方依靠农垦力量推进土地确权工作，难度较大。

土地分配方面。分配不公、占有不均的问题突出，据统计，当前大垦区没有员工田的 291 人，只有员工田的 807 人，1 ～ 50 亩耕地的 1 614 人，51 ～ 100 亩耕地的 1 873 人，101 ～ 150 亩耕地的 999 人，151 ～ 200 亩耕地的 668 人，201 ～ 300 亩耕地的 610 人，301 ～ 500 亩耕地的 355 人，501 ～ 1 000 亩耕地的

164 人，1 000 亩耕地以上的 63 人。大部分耕地资源掌握在少数人手里，多数人土地资源少生活艰难，这也已经成为影响企业稳定和制约经济发展的突出问题。

土地流转方面。流转机制不健全，流转程序不够规范，缺少第三方机构促进流转，导致有地不敢流、土地对外租等问题突出，部分职工有“恋田”情结，土地仍是其生存的命根子，不愿对其土地进行流转，出现了“惜转”现象。土地流转信息体系尚未建立起来，土地流转双方信息有效对接机制也未形成。此外，家庭农场、种植大户等优质高效的农业经营主体缺乏，限制了土地流转规模扩大。

（二）发展思路

遵循盘活资源、激发增长活力、维护职工利益、推进规模化经营为目标，加快推动办理垦区国有土地使用权确权登记发证工作，明确土地权属和范围，规范农场统一经营的“场管地”和农工经营土地的“经营田”分配方式，制定管理制度，规范职工“经营田”的级差地租，全面实施阶梯地价制度，构建新型土地承包租赁关系与经营制度，高效利用土地资源，规范土地流转行为与流转方式，稳定土地流转关系，加快土地管理信息系统建设，确保农垦土地“管好、用好、保护好”持续发展。

（三）发展目标

到 2018 年年底，办理完成权属清晰、无争议的垦区国有土地确权登记证，加快推进有权属争议土地的确权登记发证工作，维护农垦国有土地权益。垦区土地流转有序，土地承包租赁关系稳定。

到 2030 年，农垦国有土地产权制度改革取得突破性进展，土地确权登记工作基本完成，土地流转更加有序、顺畅，农场统一经营的“场管地”的规模进一步扩大，土地经营规模更加适度。“归属清晰、权责明确、保护严格、流转顺畅”的农垦国有土地产权制度基本建立。

（四）重点任务

1. 加快办理垦区国有土地使用权确权登记证工作

在摸清家底的基础上，开展农垦国有土地权籍调查，查清各农场依法使用的每一宗土地的权属、界址、面积和用途，按照统一的不动产单元编码模式，形成包括权籍调查表等在内的调查成果。农垦各农场向不动产登记机构提交符合登记要求的成果资料，提出登记申请，依法办理农垦国有土地登记手续，登记为国有农用地的使用权。对于认定权属清晰、无争议的农垦国有土地，按照国土资发

[2016]156号文件的相关要求，尽快予以登记取得证书。对存在土地权属争议的，积极促进双方通过调节或法律途径依法调处土地权属争议，根据处理结果进行土地确权登记发证，做到农垦国有土地“权属应确尽确、证书应发尽发”。

2. 规范垦区土地分配管理制度

组织开展农场用地使用规范专项行动，全面摸底调查，规范农场统一经营的“场管地”和农工经营土地的“经营田”分配方式，制定管理制度。按照“均衡分配、公开公平”的原则，农场筹集土地优先分配给无地或承包土地面积在平均水平以下的职工家庭。规范职工“经营田”的阶梯地租，按贫瘠情况为土地分类，基本地价与市场接轨，全面实施阶梯地价制度，重新核实土地承包面积，与职工重新签订土地承包合同。支持农场采取“分利不分地”等方式，给予无地、少地和劳动能力不足的职工相应的收益补偿。

3. 构建新型土地承包租赁关系与经营制度

率先在巴彦农场、甘河农场探索建立经营面积、承包租赁期限等与职工技能、身份相适应的经营制度，总结经验，全面推广。完善规章制度，明确职工承包租赁期限不得超过其退休年限，职工退休后，其承包租赁土地应交回农场，作为场管地统一经营，防止简单固化承包租赁关系。从严控制一般外来人员和企业等到农场租赁土地，外来人员租赁农场土地期限要以中短期为主。对拖欠租金、擅自改变土地用途、破坏土地资源、长期闲置、私下流转等违约情形，要依法解除合同并收回土地统一归农场经营。在欧肯河农场、东方红农场试点采取按承包面积阶梯提高租金、地上长期作物分期补偿等办法收回不合理承包土地；农场干部要带头将不合理承包土地退回农场。按照确定登记证，开展专项清理活动，坚决收回农场被私垦私占的土地。

4. 规范土地流转行为与流转方式

鼓励职工采取转包、出租、互换、转让及入股等方式，向专业大户、家庭农场、合作社等新型经营主体流转土地经营权，发展优势产业。土地流转期限应当尊重流转双方的意愿，根据流转土地的使用情况由双方协商确定，但不得超过原承包合同的剩余期限。加强土地流转管理和服务，建立土地流转监测制度，为流转双方提供信息发布、政策咨询等服务，进一步规范土地流转行为，全面推行农村土地流转合同管理制度。稳定土地流转关系，推广实物计租货币结算、租金动态调整等计价方式，流转期限超过5年的，应当建立价格调整机制，明确约定调整时限和幅度，分时段确定流转价格。职工不得私自向外来人员或单位流转土地经营权。加强农村土地承包经营纠纷调解仲裁体系建设，健全纠纷调处机制，妥善化解土地承包经营流转纠纷。

5. 加快土地管理信息系统建设

开发以地籍管理为基础、以用地管理为主线的集成系统，实现对垦区土地各种空间信息和非空间信息及其属性数据的处理、存储、管理、查询、分析，进行土地管理的数字化、土地利用的信息化管理。制定农场基本地租定期发布制度，让职工做到“心中有数”。建立农垦土地开发建设和土地承包租赁数据库，包括地块属性、土地流转、租金缴交等动态数据信息，固化土地管理流程，加强全程管控和动态监管，促进土地管理现代化。

三、资本运作与金融创新

（一）现状与问题

大兴安岭垦区资源丰富，产业发展平稳，集团自有资本有一定储备，但缺少资本运作平台支持，国有资本布局结构不合理，运行效率不高，国有资产保值增值渠道少。农业企业方面，没有培育出产业化龙头企业，带动力不强，严重阻碍了产业的培育和竞争力的提升。垦区金融产品及服务单一。目前涉农金融信贷品种主要是农户小额信用贷款、联保和担保贷款等，普遍金额小、期限短，与新型农业经营主体渴望延长贷款期限的需求在时间、风险与价格上不匹配。农业保险发展滞后，宣传不到位，职工参保意愿不强，过度依赖国家政策性保险，自己不愿投保；对农业保险认识上存在着各种各样的偏差，想当然的认为只要办理农业保险，在农业生产过程中遭受了损失，保险就会全额的给予理赔。险种少，没有覆盖垦区作物和畜种，已有保险险种无法覆盖物化成本，保险额度低。

（二）发展思路

组建农垦国有资本投资、运营公司，促进农垦国有资本合理流动，优化国有资本布局结构，积极与其他国有资本、民营资本等共同设立股权投资基金，积极引入各类投资者，加快股权改制、上市。筹建农垦主要农产品的“粮食”银行，帮扶职工解决储存难问题，多方式提高职工收入。聚焦专业大户、家庭农场、农民合作社、农业产业化龙头企业等新型农业经营主体日益增长的金融服务需求，创新质押贷款方式和融资模式，创新金融服务体系，推动金融支农服务创新，破解农业生产金融服务难题，尤其是“贷款难、贷款额度小、贷款时效短”等瓶颈。

（三）发展目标

到 2020 年，农垦集团资本运作平台搭建完成，组建国有资本投资运行公司，推动在主板上市公司 1 家、新三板挂牌上市 1 家公司，组建成立 1 家大豆银行。

到 2030 年，依托农垦集团资本运作平台，实现国有资本合理流动与扩张布局，在新三板挂牌上市公司达到 2 ～ 3 家、新增主板上市公司 1 家，组建成立 1 家杂粮杂豆银行。

（四）创新举措

1. 打造农垦国有资本市场化运作平台

争取政府授权，以直接设立的方式组建大兴安岭农垦国有资本投资、运营公司，采取股权运作、价值管理、有序进退等方式，开展投资融资、产业培育和资本整合，推动农垦优势产业集聚和转型升级，打造国有资本市场化运作平台，促进农垦国有资本合理流动，优化国有资本布局结构，放大国有资本功能。突出市场化的改革措施和管理手段，以资本为纽带对发展潜力大、成长性强的非国有企业进行股权投资。

2. 推动农垦集团下属企业股份制改制上市

根据农垦优势产业转型升级的要求，依托农垦国有资本投资、运营公司，加大对在大豆产业、杂粮杂豆产业等领域子公司的资产注入，引领行业技术创新，提高企业核心竞争力。支持与各类资本共同设立股权投资基金，积极引入各类投资者，促进国企股权多元化，加快股份制改制进程，适时申请在新三板挂牌上市。支持集团旗下企业联合组建股份制公司进行重组上市。

3. 筹建农垦主要农产品的“粮食”银行

坚持“储粮于民、储粮备荒，存粮自愿、取粮自由，按照粮权不变、时间不限、落价保底、涨价顺价”的原则，支持农场企业探索设立主要农产品储存银行。鼓励与其他省市的粮食银行开展互认等方式的合作。赋予新组建的物流运输部更多的权利，依托加工物流园建设，推进垦区现代农产品物流体系构建，破解农产品销售、流通过程中存在的诸多“瓶颈”难题。

4. 配合金融信贷新模式试点

通过改革与发展积极吸引金融结构在大兴安岭垦区设立分支机构，鼓励农场企业与金融机构开展合作，推动农业机械、畜禽活体、设施大棚为标的新型抵押担保，开展农业保险保单、农产品订单、应收账款质押贷款；积极协调、探索农业等部门进行法定登记及颁发证明作为融资有效质押担保证件，创新信贷服务方式。农场企业设立融资担保基金，与金融结构探索开展“畜禽活体＋担保”“畜禽活体＋应收账款质押”“畜禽活体＋保险保证”“订单＋信贷＋保险”等融资新模式。鼓励探索发展产业链金融，拓展新型经营主体的融资渠道。

5. 共同推动农业保险服务方式创新

将中央财政农业保险保费补贴政策与其他支农惠农政策有机结合，发挥财政政策的综合效应，将大豆、杂粮杂豆等主要粮食作物、油料作物、经济作物和主要畜禽纳入农业保险范围。列入中央财政补贴的作物和畜种，采用中央财政补贴65%，农场、大兴安岭农垦集团补贴10%，参保农户交纳25%的方式缴纳保费；未列入中央财政补贴的，由农场、大兴安岭农垦集团视财力情况进行保费补贴，其余保费由参保农户承担。与阳光农业相互保险公司垦区开展合作，农业保险坚持保障水平覆盖直接物化成本的原则，制定多套方案，设定各作物与畜种保额、保费，由各农场根据具体情况进行选择。确保保单明细到户、保险凭证发放到户、理赔款卡折方式支付到户，承保情况、查勘定损结果和理赔结果张榜公示，使垦区农户受灾后真正获得保险赔款，严禁截留、挪用农业保险理赔资金。尽快实现应保尽保。

第十章 投资概算与效益分析

一、投资概算

规划期（2017—2030年）内共实施14类65个重点项目，总投资818 977万元，具体如表10-1所示。各项目建设内容、建设地点与投资规模见附表。

表10-1 规划投资概算

序号	类别	投资额（万元）	占总投资比重
1	粮油产业	15 800	1.929%
2	生态畜牧业	61 980	7.568%
3	饲草料产业	8 600	1.050%
4	精品特色产业	3 100	0.379%
5	绿色蔬菜产业	2 500	0.305%
6	加工与物流产业	487 927	59.578%
7	黑土地保护治理	77 500	9.463%
8	农业废弃物资源化利用	2 900	0.354%
9	化肥农药减量施用	7 500	0.916%
10	生态循环农业示范	3 000	0.366%
11	休闲观光与乡村旅游	16 870	2.060%
12	文化创意与会展	6 800	0.830%
13	新型经营主体培育	5 100	0.623%
14	可持续发展支撑体系	119 400	14.579%
合计		818 977	100%

项目建设资金来源主要包括中央和地方财政资金支持，招商引资和项目建设单位自筹。

二、效益分析

在我国经济发展进入新常态，呼伦贝尔农牧业发展进入新时期的背景下，大兴安岭农垦积极推进农业可持续发展，对垦区农业转型、农民增收、生态环境保护等具有重大意义，能够实现经济效益、社会效益、生态效益的最大化。

（一）经济效益

通过实施黑土地治理等土壤改良工程，有效改善土壤理化性质，提升土地肥力，提高农作物抗病抗灾能力，能显著提高农产品产量和提升农产品品质，促进农民增收。发展庭院经济，利用广大职工的庭院用地种植高效特色经济作物，实现土地的增值效益。在符合条件的农场及连队建设设施农业，种植有机蔬菜、有机水果，通过经纪人开发市场，形成优质果蔬生产基地，增强垦区市场影响力的同时给职工和周边农户创造巨大经济收益。农业可持续发展模式优化了垦区产业结构、延长了农业产业链条，培育出更多新兴业态，拓展了农业功能，有利于加快全垦区人民致富奔小康的步伐。

（二）社会效益

通过节水灌溉设施、农机 360、农技 360 和垦区基础社会化服务设施的建立，为垦区职工和农户农业生产和生活带来便利。农业废弃物资源化利用使农作物秸秆、禽畜粪污、农药包装废弃物“变废为宝”，场区生活环境得到有效改善。文化旅游节、展销会、创意园等特色活动最大限度地提升大兴安岭农垦的地位和影响力，促进农垦人民增收的同时给他们带来自豪感、成就感，提高了垦区广大人民的生活幸福指数。大兴安岭农垦在推进农业可持续发展的过程中，创造了优良的人居环境，传承了优秀农垦文化，全面提高了人民生活质量，有利于树立发展充满活力、环境美丽宜居、文化富有特色、社会和谐文明的现代农垦新形象，打造全国绿色可持续发展农垦的示范样板。

（三）生态效益

垦区实施可持续发展战略，加大对黑土地保护与治理力度，加快推进农业废弃物资源化利用、化肥减量提效、农药减量控害，有利于从源头上减少对土地资源和水资源的污染，保护生态环境。发展种养结合的生态循环农牧业，降低了资源消耗和农资投入，有利于建设资源节约型、环境友好型和生态保育型农业。为自然植树造林、为生态种草，治理“水打沟”等水土流失问题，有助于大兴安岭农垦绿色可持续发展，进而为建设天蓝、地绿、水净、生态美的大兴安岭添砖加瓦。

第十一章 保障措施

一、加强组织领导，完善考核激励机制

组织领导是规划顺利实施的最有力保障，实施“一把手”工程。

（一）成立领导小组

农业可持续发展是跨农场、跨部门、跨行业、跨产业的综合性系统工程，大兴安岭农垦要高度重视规划的实施。成立由刘仁刚董事长任组长，张文武副总经理任常务副组长，郭海山副总经理、吕歆懿副总经理任副组长，计财财务处、农业处、政策法规处、工业信息处、粮食经贸处、国土处等相关处室处长及八个农场场长为成员的农业可持续发展领导小组，统一协调全农垦农业可持续发展建设工作。领导小组下设农业可持续发展推进办公室，负责综合协调、监督指导以及日常管理等相关工作。各农场成立相应的工作推进领导小组，由场长任组长，书记任常务副组长，各连连长、书记为主要成员，负责农场日常工作推进。

（二）建立部门联动协调机制

建立联席会议制度，领导小组每年定期或不定期召开会议，集中解决和重点协调农业可持续发展建设过程中涉及的项目申请、招商引资、资金扶持、项目落地、工程建设等重大事项和问题。围绕总体目标和重点任务，理顺各部门、各农场的任务分工，密切协作配合，确保各项任务落实到位。

（三）严格落实监督考核制度

建立重点目标落实制度，明确建设项目的“四个清单”，将任务细化分解到各相关部门和农场，做到任务落实到位、工作落实到岗、责任落实到人。各部门和农场根据任务分工，制订详实可行的实施方案，把各项任务落实到年度计划中。将规划实施情况纳入各部门和农场领导班子工作绩效的考核内容，领导小组制定具体考核办法，层层签订责任状，做到“一对一明确到人、点对点细化到项”，建立动态跟踪机制，定期开展督促检查和绩效评估，对未按时保质保量完成任务的责任单位进行约谈，确保各项目标和重点任务按期完成。

（四）构建新型激励机制

开展系列创建活动，构建新型激励奖励机制，把考核激励与人才培养结合起来，不唯年龄、学历和职称，大力奖励和培养能力出众、干得好的职工，点燃全体职工创业创新的激情，注入新鲜活力，增添发展动力。开展职业技能大赛，评选“十

佳领导楷模”“十佳先锋标兵”“十佳农机手”“十佳销售能人”“十佳优秀农技推广员”等优秀人才，对获奖者颁发证书，发放奖金，激发全体职工创业创新活力。开展感动农垦“十大年度人物”“十大文明家庭”“十佳三八红旗手”“最佳创业经营团队”“五佳诚信模范农场”“十佳连队”“十佳诚信模范个人”“十佳致富带头人”“农垦特殊贡献人才”等评选活动，加大宣传和奖励力度。凡获得上述荣誉或奖励者，在干部选拔任用、晋职晋级等方面优先考虑，需要继续学习深造的，派送至高等院校或科研院所，农垦负担相关费用。

二、争取财政支持，加大扶持政策

（一）加大争取财政支持力度

研究国家、内蒙古自治区和呼伦贝尔市的相关政策文件，主动申报争取国家、内蒙古自治区和呼伦贝尔市的财政项目和资金支持。根据《中央财政农业保险保险费补贴管理办法》，积极争取国家、内蒙古自治区、呼伦贝尔市财政资金支持投入，支付农垦养老、医疗等保险费用。积极争取农业部和自治区农业综合开发等项目，争取每年额度有所增加。积极向各级发改部门、财政部门、农业部门、科技部门申报休闲农业、循环农业、智慧农业、种植业、畜牧业、农产品加工和农业技术推广等方面的财政项目，争取更多财政资金支持。发挥财政资金导向作用，采取以奖代补、融资担保、股权投资、先建后补、财政贴息等办法，引导社会资金、工商资本投资大兴安岭农垦。

（二）加大扶持政策力度

鼓励、支持和引领中小型私营企业开展腐竹、马铃薯、面粉、榨油、秸秆转化、有机饲料、特色山珍等各类产品生产加工，在厂房选址、企业小额贷款等方面给予优先政策扶持。成立脱贫救助基金，在资金上提供无息或低息贷款，帮助垦区贫困职工和农牧民发展庭院经济、养殖畜牧业、民俗旅游等个体经济，引领垦区职工和农牧民脱贫致富。设立重点产业发展引导基金，重点支持符合垦区农业可持续发展规划中的重大项目和产业，并为重点产业中的龙头企业提供多种形式的政策扶持，如税收优惠、贷款贴息、风险补偿、股权投资、担保补贴、保费补贴等。

三、创新金融服务，健全政策保险

（一）拓宽融资渠道

探索新型融资模式，鼓励利用众筹模式、互联网 + 模式、发行私募基金等方式多元化、多渠道筹措资金，加大对农业可持续发展的金融支持。探索多元化投融资机制，鼓励符合条件的荣肯食品有限公司等龙头企业做大做强，争取企业上市融资或发行债券募集资金。鼓励担保机构加大对现代农牧业的服务力度，搭建银企对接平台，帮助经营主体解决融资难题。银行业金融机构要积极采取多种信贷模式和服务方式，拓宽抵押担保物范围，推进重点项目经营权、开发权、注册商标、农村土地承包经营权和农民住房财产权等抵押贷款。积极鼓励民营企业和个人入股投资旅游业开发、畜牧养殖业、优特农牧产品加工等重点产业。

（二）建立健全政策性涉农保险

采取税收优惠、贷款贴息、风险补偿、股权投资、担保补贴、保费补贴等多种形式支持农牧业金融保险业发展，努力扩大政策性保险覆盖面，实现粮食投保全覆盖，鼓励保险机构开展绿色蔬菜、特色林果、生态养殖农产品保险。对于参保企业和农户，按规定标准给予补贴。强化保险部门与信贷部门合作，试点生产性小额信贷保证保险。

四、依法治企经营，加强安全监管

（一）加强垦区职工法治宣传教育

多渠道开展对职工和农牧民法制宣传，努力提高法律素质，增强干部职工依法参与企业管理、依法表达利益诉求、依法维护自身合法权益的能力。

（二）加强企业经营监督管理

严格实行预算管理，管好、用好项目建设资金，严格控制非生产性支出和计划外支出，加大内外审力度，加大对项目招标投标的监督和管理，确保程序合法。按照规划确定的重点建设项目和基本建设程序，做好项目的组织实施工作，对于重点项目、重大工程及时足额配套。相关部门要加大项目实施过程的监管，定期开展监督检查和指导工作，协调、督促资金的落实、拨付和工程建设进度，发现问题及时解决，对违规问题及时查处。

（三）加强企业安全监管

要强化企业责任主体、责任追究，严格问责机制。重点项目专人负责，签订责任书，出现安全责任事故，严格追责，考核一票否决。

五、强化人才培养，打造优秀团队

（一）启动实施“青年英才计划”

加大垦区高端实用人才引进。围绕重点项目、主导产业，大力引进国内外知名的高级经营管理和专业技术人才，做好高端青年英才储备，力争2020年引进

10～20人。

（二）启动高端人才培育计划

积极与中国农业科学院、中国科学院、中国农业大学、黑龙江农业科学院、八一农垦大学、大兴安岭农科院等科研院校合作，建立垦区高级经营管理和专业人才培养机制，建立院士工作站、博士后流动站、高校科研实践基地，争取每年培育高端实用人才10～20人。

（三）加快培育新型职业人才队伍

每年实施“畜牧业技术人才”“专业种植能手”“销售人才”“旅游人才”等培训4期，培养实用技术人才。通过对新型经营主体带头人、中小企业负责人、种田大户、养殖能手、职业经纪人和乡村科技人员等的常态化培训，培养一批高素质农业创业兴业人才和农业职业经理人，为农垦储备农业科技人才队伍。

（四）建立实用人才培训长效机制

依托中国农业科学院、中国科学院、中国农业大学、黑龙江农科院、八一农垦大学、大兴安岭农科院等科研院校的技术支撑，构建培训常态化和规范化机制。发展网络和远程教育，建立专业技术人才教育培训网络，推进“科技之冬”专题培训，进行“白瓜种植技术及病虫害防治”“特色作物增产增收栽培技术”“绿色食品标准化栽培技术”“奶牛科学饲养及防疫”“种羊科学饲养及防疫”“标准化饲料配方技术”“互联网＋现代农牧业”“秸秆资源高效利用”“生态环境修复”等专题培训，提高干部职工的专业素养。

六、加强宣传推介，加大招商引资

（一）加强对外宣传推介

加强与中外报纸、广播、电视、互联网网站等主流新闻媒体的联络，建立有效的对外传播渠道。制定大兴安岭农垦农业可持续发展对外宣传工作要点、工作任务及奖励办法，建设对外宣传队伍，完善宣传奖惩制度、工作通报制度等。制作高质量的宣传媒介，包括宣传片、图片、文字等，挖掘垦区悠久的人文景观、自然资源、历史文化、投资环境、优惠政策等，并在自治区和国家级电视、报纸期刊、广播等传统媒体及互联网、微信等新型媒体上广泛宣传，让全国乃至世界了解垦区优势，提高垦区的美誉度，吸引投资。与阿里巴巴、生意宝、天猫商城、淘宝、京东商城、1号店、美团等国内著名的电子商务平台合作，推出“大兴安岭垦区优特产品馆”。积极组织、参加与农垦项目、品牌相关的国内外农产品推介会、展销会、研讨会、高峰论坛、文化节、美食节等活动，加强优特新农产品品牌的宣传，提高“大兴安岭品牌”的知名度和市场竞争力。

（二）加大招商引资力度

按照“大招商、招大商”的思路，推进绿色招商、产业招商、节会招商、园区招商、境外招商。每年举办两次以上重大项目融资推介会，面向全社会招商引资。参加各类展会积极联系接洽相关项目，印制项目手册，向全社会推介。制订计划在京深沪等大城市开展驻点招商，引进大型农业龙头企业落户大兴安岭垦区，重点推进大兴安岭垦区农畜产品精深加工、生态畜牧业、庭院经济、旅游业、物流配送、电商平台发展。打造特色现代农业产业园，吸引知名企业、高端研发机构落户园区，把产业园区建设成为招商引资的“特区”。完善招商引资优惠政策，对招商引资项目在土地征用、税费减免、基础设施建设等方面予以优惠。

七、加强国际交流，扩大国内合作

（一）加强国际交流与合作

抓住国家实施“一带一路”战略的机遇，加强与蒙古国、俄罗斯、澳大利亚等国家在农牧业重点领域科技交流，在境外组织开展产业推介和贸易促进活动，引导国外相关农业企业到垦区在现代农牧业特色产业园、农畜产品精深加工、旅游业、养殖畜牧业等方面投资。鼓励和支持农垦企业联合走出去，进入俄、蒙合作开发耕种、养殖、加工、仓储、物流、贸易等项目，提高农垦企业的国际影响力和竞争力，增强话语权，推进农产品标准化生产和出口。

（二）推进国内交流合作

积极开展与国内大型农业企业集团、国内科研院校在高效设施农业、产业基地、养殖基地、特种特养、大豆深加工、大豆博物馆、杂粮精加工等方面的合作。加强终端产品研发、电子商务平台、农产品流通贸易、打造特色旅游景点、秸秆综合利用、人才培养等方面的广泛合作，推动农垦农业可持续发展。

附表

附表　重点工程和项目建设清单

序号	项目名称	建设内容	建设地点	投资（万元）
一、粮油产业				158000
1	重要农产品（大豆）生产保护区建设项目	按照国家重要农产品生产保护区建设标准，选择水土资源条件好、相对集中连片区域，建设重要农产品（大豆）生产保护区 80 万亩，强化农田水利设施建设，加快优良大豆品种和高产栽培技术应用，推进大豆生产全程标准机械化，适度规模化，力争创建成为国家级重要农产品（大豆）生产保护区。	垦区八个农场	16 000
2	标准化食用大豆生产基地建设项目	每年建设有机大豆标准化生产基地 2 万亩，绿色大豆标准化生产基地 50 万亩，按照有机食品技术标准和绿色食品技术标准制定统一的生产操作规程。	垦区八个农场	1 600
3	大豆良种繁育基地建设项目	与中国农业科学院、黑龙江农业科学院、八一农垦大学等科研单位和高等院校专家开展联合育种，建成大豆改良中心，建设良种繁育基地 10 万亩，加快新品种推广应用，积极培育适宜垦区的主栽品种。	甘河农场、巴彦农场、欧肯河农场	2 000
4	大豆绿色增产模式攻关项目	组建非转基因食用大豆绿色增产技术研究中心，开展高产示范，克服大豆生产技术瓶颈，提高大豆单产和总产，提高品质。	巴彦农场	2 000
5	特色农产品（杂粮杂豆）优势区项目	制定杂粮杂豆“绿色、有机”标准化种植规程，通过新品种、新技术示范推广，建设特色农产品杂粮杂豆标准化生产基地 15 万亩。	甘河农场、古里农场、扎兰河农场、诺敏河农场	2 000

续 表

序号	项目名称	建设内容	建设地点	投资（万元）
6	马铃薯原原种工厂化生产及优质种薯繁育标准化基地建设项目	建设马铃薯原原种工厂化生产基地，主要包括：网棚200亩，温室1 000平方米，贮藏库5 000平方米，购置相关仪器设备。在自然隔离条件好的农场建设马铃薯优质种薯繁育标准化基地5万亩，年产优质脱毒种薯7万吨。	甘河农场、欧肯河农场、诺敏河农场	8 000
7	马铃薯全程机械化建设项目	在马铃薯种植面积较大具有连片机械化作业条件的场队建设马铃薯农机作业核心示范基地，引进和推广先进农机具，改善农机装备结构、淘汰落后农机，实现马铃薯种植的深松、起垄、播种、收获、筛选等全部实行机械化作业，解决马铃薯种植和收获难的问题。	甘河农场、欧肯河农场、诺敏河农场	2 500
8	种薯储藏库建设项目	按照种薯的贮藏要求，改进和创新贮藏技术，建设马铃薯种薯贮藏库。包括：原原种恒温贮藏库共1 000平方米，年贮藏能力达2 000万粒。一级二级种薯贮藏库10万立方米，年贮藏能力达6万吨。	欧肯河农场	2 000
9	高标准农田建设项目	建设高标准农田80万亩，开展土地平整、土地深松、农田水利、土壤改良、田间道路、配套电网林网等基础设施建设，进行田、水、路、林综合整治，完善农田基础配套设施。	垦区八个农场	120 000
10	有机小麦标准化生产基地建设项目	按照有机食品生产标准，建设有机黑小麦标准化生产基地2万亩。	欧肯河农场、扎兰河农场	600

续 表

序号	项目名称	建设内容	建设地点	投资（万元）
11	农作物病虫害绿色防控技术、农药减量增效推广项目	建设大豆、小麦、玉米、杂粮杂事等主要农作物重大病虫害专业化统防统治和绿色防控示范面积 80 万亩。应用现代植保机械，因地制宜发展大型植保机械，推广生物农药和绿色防控技术，喷药机械更换节约扇形喷嘴，并配置适宜的过滤器，提高农药施用效率。	垦区八个农场	1 300
二、生态畜牧业				61 980
12	肉羊良种繁育项目	以巴彦农场种羊园为核心，重点推广以澳洲白、杜泊、萨福克羊为父本，以湖羊为母本的肉羊品种改良，在技术上重点推广肉羊标准化饲养、工厂化生产模式、同期发情、人工输精、腹腔镜输精、胚胎移植技术，构建以巴彦农场种羊园为主体，肉羊改良示范户为补充的局场两级肉羊良种繁育体系，争创肉羊国家级核心育种场 1 家，实现全局肉羊良种覆盖率 100%。	巴彦农场种羊园	3 700
13	肉羊标准化规模养殖小区建设项目	新建人畜分离标准化规模养殖小区 51 处，肉羊舍饲标准化养殖规模达到 27 万只，年出栏工厂化养殖模式肉羊 15 万只以上。养殖过程重点推广“六统一”管理模式，推进生产规范化、防疫制度化和粪污无害化，配套粪污处理利用基础设施设备，做到粪污 100% 有机化还田，实现垦区肉羊养殖标准化、清洁化、规模化、集约化。	垦区八个农场	33 180

续 表

序号	项目名称	建设内容	建设地点	投资（万元）
14	良种安格斯肉牛生产繁育项目	结合国家对家畜良种的扶持政策，以欧肯河农场为重点，持续引进安格斯肉牛基础母牛 1 000 头，与中科院、黑龙江农科院、禾牧阳光等单位建立合作借助其技术优势，加快安格斯肉牛良种繁育，探索标准化肉牛养殖技术模式，推广肉牛良种繁育技术、肉牛标准化养殖技术、性控冷配技术，提高肉牛标准化生产能力和良种覆盖率。	欧肯河农场	2 600
15	高端安格斯肉牛标准化基地建设项目	以欧肯河农场为核心，推广安格斯肉牛标准化养殖技术模式，建设肉牛标准化养殖小区 7 处，安格斯肉牛标准化养殖规模达到 7 000 头，年出栏高端肉牛 5 000 头以上。配套相关粪污处理设施设备，示范带动周边职工、农户开展安格斯肉牛养殖，打造高端安格斯肉牛标准化、规模化养殖基地。	欧肯河农场、甘河农场、东方红农场、古里农场、扎兰河农场	10 500
16	肉牛、肉羊精深加工项目	面向中高端市场，培育产加销一体化龙头企业 1 家，加强产品研发创新，推进肉牛、肉羊标准化屠宰、肉品分类分级，实施精细化分割、精深化加工、精美化包装、精准化营销，创响品牌，打造国家重要的绿色、生态、高端肉牛肉羊生产加工基地。	鄂伦春旗大杨树东工业园区	12 000
三、饲草料产业				8 600
17	优质饲草种植基地建设项目	结合国家开展粮改饲和种养结合模式试点，因地制宜建设优质饲草种植基地 5 万亩，筛选合适饲草品种，以燕麦草等优质牧草品种为重点，推进优质人工饲草种植基地建设。配套节水灌溉设施建设，推广渗灌、滴灌等节水技术和水肥一体化技术，集成饲草播种、肥料控制与田间管理技术。	甘河农场、巴彦农场、欧肯河农场、古里农场	5 000

续表

序号	项目名称	建设内容	建设地点	投资（万元）
18	饲草收储加工项目	扶持培育现代饲草料产加销一体化龙头企业 1 家，配套饲草播种、收割、裹包打捆等机械设备，建设标准化规模饲草储备库、青贮窖等设施，形成饲草种植、收储、加工、储运体系。	巴彦农场	3 600
四、精品特色产业				3 100
19	养蜂基地建设	充分利用大兴安岭“大森林”生态优势，以扎兰河农场为中心，建设标准化蜂产品生产基地，到 2030 年养蜂规模达 10 000 箱。加快推广科学高效的蜜蜂养殖技术管理模式，扶持培育一批标准化、规模化、成熟蜜示范户或蜂场。强化质量监管，建立养蜂日记，健全养殖档案，构建质量可追溯体系。	扎兰河农场	800
20	蜂业龙头企业培育	以扎兰河农场养蜂基地为基础，培育 1 家蜂产品加工企业，采用“蜂农 + 合作社 + 龙头企业”的产加销一体化经营模式，形成市场带加工、加工连基地、基地促蜂农的高效产业链。强化品牌建设，培育和打造明星产品，提高产品质量和附加值。	扎兰河农场	1 800
21	中药材种植基地建设项目	因地制宜，以基地建设为主，发展标准化、规模化中药材种植基地 1 万亩；以庭院种植为辅，发展中药材种植 2 000 亩。	垦区八个农场	500

续 表

序号	项目名称	建设内容	建设地点	投资（万元）
五、绿色蔬菜产业				2 500
22	设施蔬菜种植基地建设项目	建设高效设施蔬菜基地 200 亩，改造升级现有基础设施，配套高效节能型日光温室和防寒保温、水肥一体化、供电等基础设施，示范推广“节肥、节药、节水”绿色防控集成技术，满足周边菜篮子需求。	甘河农场、巴彦农场、东方红农场和夏日小镇	500
23	蔬菜储藏保鲜设施建设项目	提升改造原有蔬菜储藏设施 200 处，因地制宜新建蔬菜储藏保鲜库 5 处，实现错季上市。	甘河农场、巴彦农场、东方红农场、鄂伦春旗大杨树东工业园区	2 000
六、加工与物流产业				487 927
24	百万吨大豆深加工项目	依托垦区优质非转基因大豆种植，利用吉林巨润集团强劲的深加工技术力量和市场，分两期实施全产业链百万吨大豆深加工项目。包括：年产 15 万吨大豆油、年产 20 万吨功能性大豆蛋白肽、年产 5 万吨大豆低聚糖肽粉以及年产 150 万吨日本酱油（第二期）。	鄂伦春旗大杨树东工业园区	448 180
25	杂粮加工产业园项目	依托国家杂粮工程技术研究中心为技术支撑，培育技术装备先进、市场发展潜力大、发展后劲足的杂粮加工产业龙头企业，完善“基地 + 龙头企业 + 市场”的产业化经营模式，建设杂粮初加工及深加工生产线，实现年产精选杂豆 1 350 吨、α－快熟杂粮 150 吨；年产杂粮营养即食食品 1 200 吨、日加工 10 吨主食化杂粮食品；3 万吨芸豆精深加工；日处理 10 吨精制燕麦米加工和日处理 1 吨燕麦麸皮综合利用。	鄂伦春旗大杨树东工业园区	19 627

续 表

序号	项目名称	建设内容	建设地点	投资（万元）
26	年产2万吨小麦（石磨）面粉加工项目	依托垦区优质绿色小麦生产基地，采用传统石磨加工工艺，建设日处理80吨优质小麦生产线，实现年产小麦（石磨）专用粉20 000吨。一期建设年产5 000吨小麦（石磨）面粉；二期建设年产15 000吨小麦（石磨）面粉生产和年产5 000吨饲料加工生产线；形成产业链的循环经济模式。	鄂伦春旗大杨树东工业园区	5 120
27	垦区物流体系建设项目	依托垦区临储仓容和铁路专用线，引进培育现代物流企业1～2家，配套建设冷库、检测中心等储存、保鲜、质量检测专业设施，发展“互联网＋农产品”新型流通模式，建设可追溯的、集农产品交易、物流、加工、市场信息等于一体的综合性农产品物流园区，满足垦区农产品交易与农垦大粮商的物流需求。	夏日小镇	15 000
七、黑土地保护治理				77 500
28	耕地质量保护与提升项目	针对垦区退化耕地，全面开展土壤改良、地力培肥和养分平衡，提高耕地基础地力和产出能力。实施耕地深松、秸秆还田、绿肥种植、有机肥应用、酸化土壤改良。推广粮饲轮作；实施改垄、修建等高地埂植物带、推进等高种植和建设防护林带等措施，防止水土流失。	垦区八个农场	40 000

续 表

序号	项目名称	建设内容	建设地点	投资（万元）
29	黑土地保护利用试点	实施面积为40万亩，重点推广低山丘陵黑土地保护养育综合配套模式、缓坡漫岗与平川甸子黑土保护养育综合模式，开展技术研发及耕地质量动态变化监测及预警工作。	垦区八个农场	6 000
30	耕地休耕轮作试点	开展耕地休耕与轮作试点1万亩，实施玉米与大豆轮作，争取自治区每年每亩150元补助，建立轮作示范区，探索建立玉米、大豆、玉米轮作休耕可持续耕作技术模式。	诺敏河农场、扎兰河农场、宜里农场、古里农场、东方红农场	1 500
31	“水打沟”治理项目	通过回填土方，沟头砌护、削坡整形，修建谷坊、跌水、植造防护林，种草护坡等工程措施，实施“水打沟”治理5万亩。	垦区八个农场	30 000
八、农业废弃物资源化利用				2 900
32	畜禽规模养殖粪污处理项目	建设粪污集中处理利用工程2处，重点进行畜禽舍改造、畜粪便收集处理系统等资源化综合利用设施。	巴彦农场、欧肯河农场	1 600
33	秸秆肥料化利用项目	建设2个玉米秸秆还田示范点，示范推广机械化粉碎、酵素有氧发酵、深翻还田，提高秸秆综合利用率。	甘河农场、巴彦农场	1 000
34	农药包装废弃物回收处置项目	建立农药采购和包装废弃物回收台账，每个农场设立农药包装废弃物回收网点，安排专人负责。	垦区八个农场	300

续 表

序号	项目名称	建设内容	建设地点	投资（万元）
九、化肥、农药减量施用				7 500
35	测土配方施肥项目	建立 8 个测土配肥中心，购置相应设备，开展土壤采集、取土化验、田间试验、形成配方，提供全程测土配方施肥技术指导服务。	垦区八个农场	500
36	有机肥替代化肥项目	每年使用有机肥耕地 25 万亩，5 年内逐步实现垦区所有耕地全部施用有机肥，每年施用有机肥量 2 万吨，年投入资金 1 000 万元。	垦区八个农场	5 000
37	农药减量增效项目	推广应用高效、低毒、低残留农药、生物农药和农药减量增效综合配套技术。建设 1 个大豆农药减量增效试验示范区，面积 5 万亩，1 个设施蔬菜农药减量控害增效示范区，面积 100 亩，开展农药新品种和减量增效技术试验、示范及推广。	甘河农场、巴彦农场	2 000
十、生态循环农业示范				3 000
38	生态循环农业示范园项目	以禽畜养殖废弃物资源化利用、农副资源综合开发和标准化清洁生产为重点，建成农业综合开发生态循环农业示范园 1.2 万亩。	甘河农场、巴彦农场、欧肯河农场	3 000
十一、休闲观光与乡村旅游产业				16 870
39	大豆风情园项目项目	建设大豆之根风情园，包括休闲养生乐园、豆腐盛宴 DIY、农业公园、体验采摘园等。项目设置：民俗休闲街、品生态农产品超市、快乐农夫农事体验园、农家宠物园、中德示范园体验区。	甘河农场五队	800

续 表

序号	项目名称	建设内容	建设地点	投资（万元）
40	摄影基地建设项目	在东方红农场8队，宜里农场2、3、4队建设万亩红高粱摄影基地与彩色农业摄影基地。	东方红农场、宜里农场	830
41	欧肯河湿地公园项目	继续推进欧肯河湿地公园二期、三期项目建设。二期内容：跨河桥一座、停车场2 000平方米、大门一座、主题雕塑一座、亮化500套、绿化10 000平方米；三期内容：游乐场一座、漂流一处、景观25处、驳岸一处、亲水沙滩500平方米。	欧肯河农场	2 040
42	芸豆主题农业公园项目	利用芸豆产业文化等资源优势，发展江河观光、垂钓体验、芸豆系列美食体验、红叶摄影、沙滩运动等旅游产品，打造全国知名的芸豆主题农业公园。建设内容包括：芸豆采摘园2处，占地50亩；打造古里4队休闲养生园、江湖人家、勃音那湖垂钓娱乐园。	古里农场4队	2 000
43	农业休闲观光旅游接待户项目	东方红农场2队东侧建设500平方米农家乐及附属设施。其他农场结合各自农业休闲观光资源与发展定位，建设自助旅游营地驿站、乡村特色旅游客栈、农家乐等。	垦区各农场	200
44	越野汽车赛道项目	建设初、中、高级3条越野车赛道。	甘河农场河套路段	3 000
45	低空飞行旅游项目	引入飞机3架，其中扎兰河农场1架、诺敏河农场3队2架。建设停机坪、飞机跑道及航站楼。	扎兰河农场、诺敏河农场	1 000
46	国际儿童基地项目	建设国际儿童科普馆、农业科普展馆、儿童科普长廊（LED电子显示屏）、儿童农作物栽培体验馆、采摘园、反季节果蔬大棚。	巴彦农场	6 000

续 表

序号	项目名称	建设内容	建设地点	投资（万元）
47	东方雅布伦田园山庄项目	主要包括木屋改造、青红果蔬园、知青互动演艺基地、农场寻宝蛋体验园等内容。	东方红农场 2 连	1 000
十二、文化创意与会展				6 800
48	农垦文化传媒基地项目	建设影院、演艺中心（含演艺中心观众大厅、舞台、演出用房、设备用房）、创意坊、会展中心、摄影基地（含导播间、监控室、候播厅、服装室、化妆室、道具室、对词室、休息室）等设施。	夏日小镇	5 000
49	农垦博物馆项目	建设农垦博物馆，展现农垦发展历史，弘扬开拓、奉献、包容的农垦精神。建设大型半景画、专题陈列厅、临时展厅、演播剧场、艺术长廊、数码影院、图书馆、休闲场地等设施。	夏日小镇	1 000
50	蜜蜂养生谷建设项目	举办蜜蜂文化旅游节，发展蜜源植物观光、养蜂放蜂体验、蜜蜂文化科普教育、蜂产品加工参观体验等新型休闲娱乐项目，建设参观走廊、蜂文化展览馆、养蜂体验园以及其他配套休闲娱乐设施。以“小蜜蜂”孵化“大生态”，酿造“大产业”，带来“大健康”。	扎兰河农场场部河套地段	800
十三、新型经营主体培育				5 100
51	新农人培训项目	聘请农业技术、经营管理等领域专家，开展新农人培训，每年培训 300 人次。重点支持培训场地建设、教材购买以及聘请专家。	夏日小镇	100
52	农业产业化龙头企业培育项目	到 2030 年培育自治区级龙头企业 1 家，国家级农业产业化龙头企业 1 家。	夏日小镇	5 000

续 表

序号	项目名称	建设内容	建设地点	投资（万元）
十四、可持续发展支撑体系				119 400
53	甘河流域灌区建设项目	以甘河干流为主要水源，统筹考虑其他支流，采用单极中小型泵站，配套建设农田水利设施、输水管道，新增提水灌溉面积 30 万亩。建设水肥一体化滴灌工程 1 万亩，在适合滴灌的耕地，铺设田间管网和滴灌带，购置水肥一体化滴灌系统、水泵、施肥器和过滤器等设备。	甘河农场 6、10、4、14、巴彦农场 1、3、9、10 队东方红农场 2、3	66 000
54	农业大数据信息平台	建设垦区农业信息中心和 8 个农场农业信息站点，配套农资监管、农机安全和土地流转信息采集及处理设备和软件，每个站点配备 1 ～ 2 名农业信息数据采集员。	夏日小镇及各农场	2 500
55	农产品电商服务平台	建设电子商务产业园，搭建大兴安岭农垦农产品电商销售平台，在天猫、京东、1 号店等知名电商平台建设大兴安岭农垦特色农产品旗舰店。配套建设特色农产品体验店、电商创业园、仓储物流、结算中心等功能区。	夏日小镇	5 000
56	物联网技术生产应用项目	建设大豆、杂粮杂豆、肉牛肉羊生产信息化示范基地 3 个，利用物联网、3S、电信网络等现代信息技术开展农情监测、精准施肥、智能灌溉、设施农业生产、生态畜牧养殖等信息化示范，实现农业生产全程信息化监管与应用。以巴彦农场采摘园为重点，搭建农业物联网服务平台，应用农业物联网智慧系统建设集农业展示、生产经营、观光旅游、现场采摘为一体的智能化设施蔬菜园。	东方红农场、巴彦农场、扎兰河农场	12 000

续 表

序号	项目名称	建设内容	建设地点	投资（万元）
57	引智工程	设立农业专家工作站 1 座、博士后流动站 2 个。针对垦区产业技术发展的瓶颈，与农业科研院所、高等院校开展联合攻关。	夏日小镇	10 000
58	新品种新技术试验示范教学基地项目	建设试验示范基地 2 处，承担垦区所有新品种引进试验、新技术的示范推广与集成应用和教学培训。	欧肯河农场、甘河农场	1 000
59	生产全程机械化推广项目	建设大豆、玉米、小麦、马铃薯全程机械化作业示范点共 8 个，示范联合收获机、智能节水灌溉设施、农副产品加工机械等现代农业机械的应用。	各农场	5 000
60	农机智能化信息化项目	依托农业大数据信息平台，为垦区所有大中型农机全部安装 GPS 卫星定位和 GIS 地理信息系统和智能控制系统，建立大田作物农机作业信息数据库、耕作、土壤及生产信息数据库。	各农场	6 000
61	农用飞机装备项目	建设农用飞机场 5 处，购置大型农用飞机 8 架，小型无人农用机 10 架。	各农场	6 000
62	农产品质量追溯体系建设	利用物联网技术，率先建设大豆全程质量追溯体系和生产信息系统，并逐步扩展到肉牛肉羊、杂粮杂豆等产品。建设垦区农产品质量追溯信息化系统平台，购置信息系统建设与关键设备配置，综合应用农产品电子标签及条码标识技术、信息采集与传输技术、移动数据采集技术与可靠传输技术。（对应所有产品）	夏日小镇	2 000

续 表

序号	项目名称	建设内容	建设地点	投资（万元）
63	品牌培育工程	开展商标注册、“三品一标”认证、媒体广告宣传，参加、举办各种交易会、展览会推介产品，组建专业团队，完善品牌创建工作机制，塑造品牌形象。	夏日小镇	3 000
64	农技 360、农机 360 项目	在原有农技服务 360 微信公众平台基础上，完善技术服务队伍，为农场新品种新技术的推广提供支撑；完善农机服务 360 微信公众平台，更新农机设备，整合农机力量，建立农机服务中心，对机车进行“六统一”管理。	夏日小镇	600
65	农用航空社会化服务项目	建立农用航空社会化服务队伍，培训专业驾驶人员，利用垦区“农用航空”装备设施，为周边地区提供专业化服务。	夏日小镇	300
合计				818 977

附图

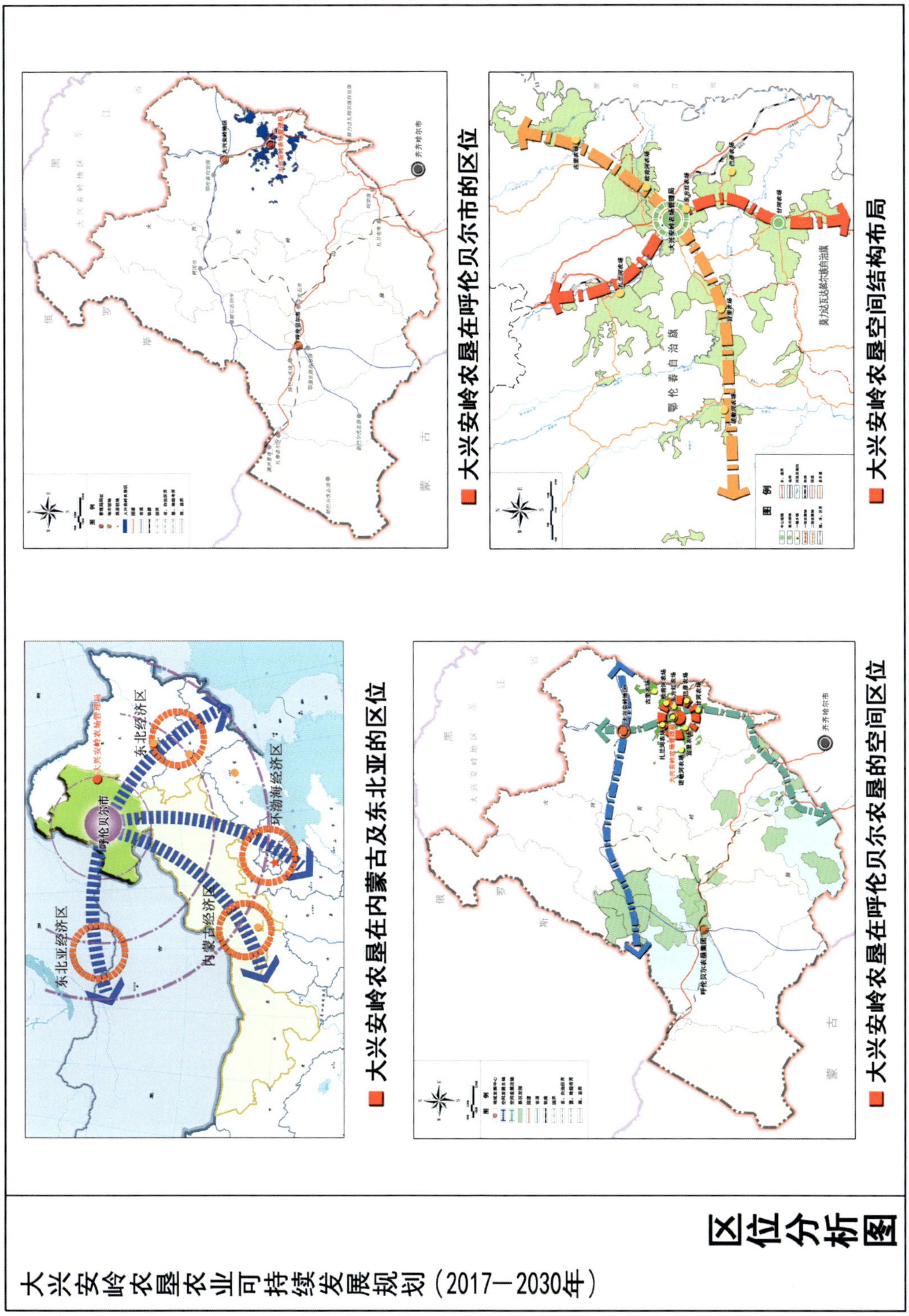

大兴安岭农垦农业可持续发展规划（2017—2030年）
区位分析图
大兴安岭农垦在内蒙古及东北亚的区位
东北亚经济区
东北经济区
环渤海经济区
内蒙古经济区
呼伦贝尔市
大兴安岭农垦在呼伦贝尔市的区位
大兴安岭农垦在呼伦贝尔农垦的空间区位
大兴安岭农垦空间结构布局

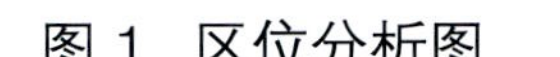

图 1 区位分析图

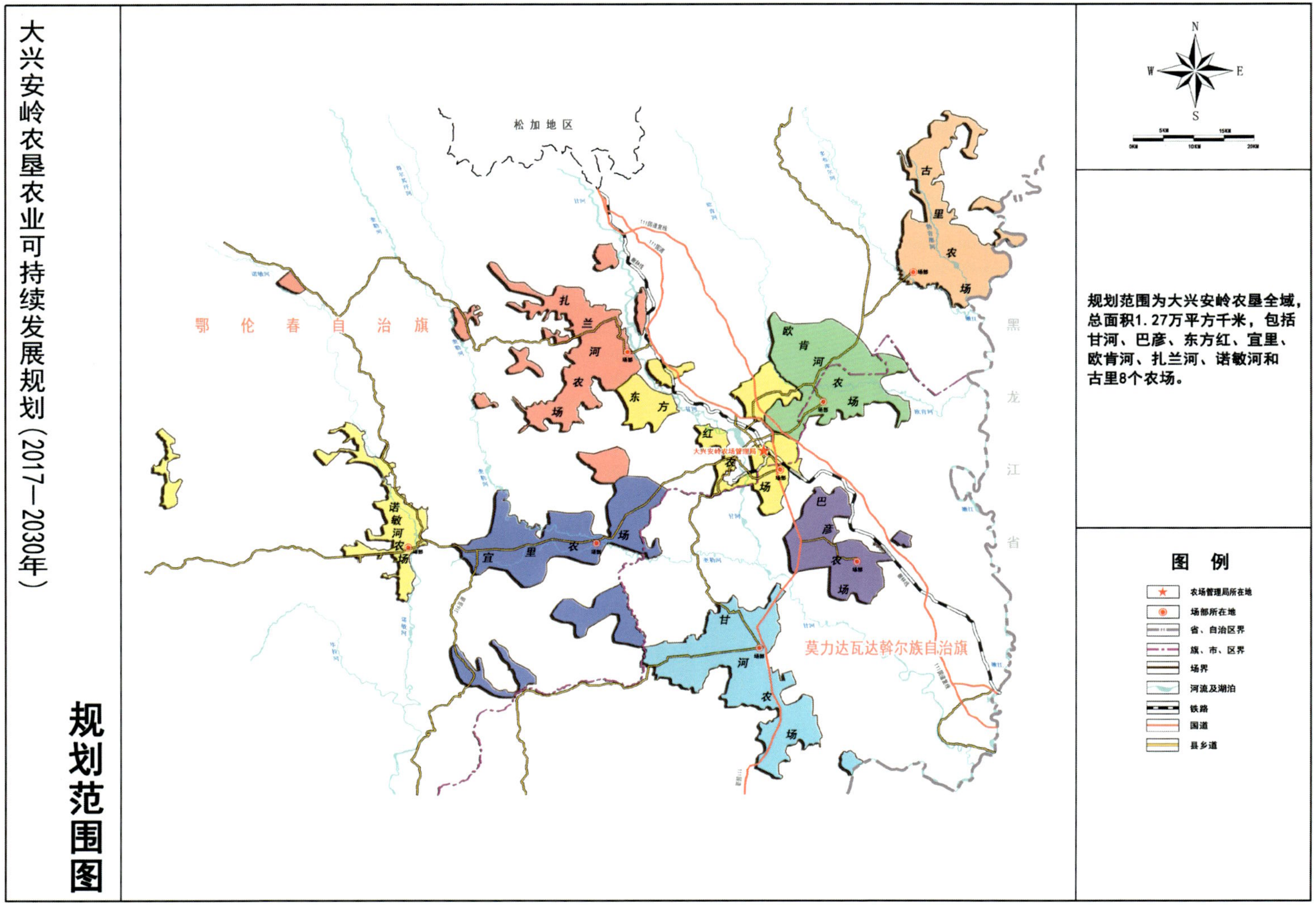
大兴安岭农垦农业可持续发展规划（2017—2030年）
规划范围图
N
S
W
E
规划范围为大兴安岭农垦全域，总面积1.27万平方千米，包括甘河、巴彦、东方红、宜里、欧肯河、扎兰河、诺敏河和古里8个农场。
图 例
农场管理局所在地
场部所在地
省、自治区界
旗、市、区界
场界
河流及湖泊
铁路
国道
县乡道
松加地区
鄂伦春自治旗
黑龙江省
莫力达瓦达斡尔族自治旗
古里农场
欧肯河农场
扎兰河农场
东方红农场
巴彦农场
甘河农场
宜里农场
诺敏河农场
大兴安岭农场管理局

图 2　规划范围图

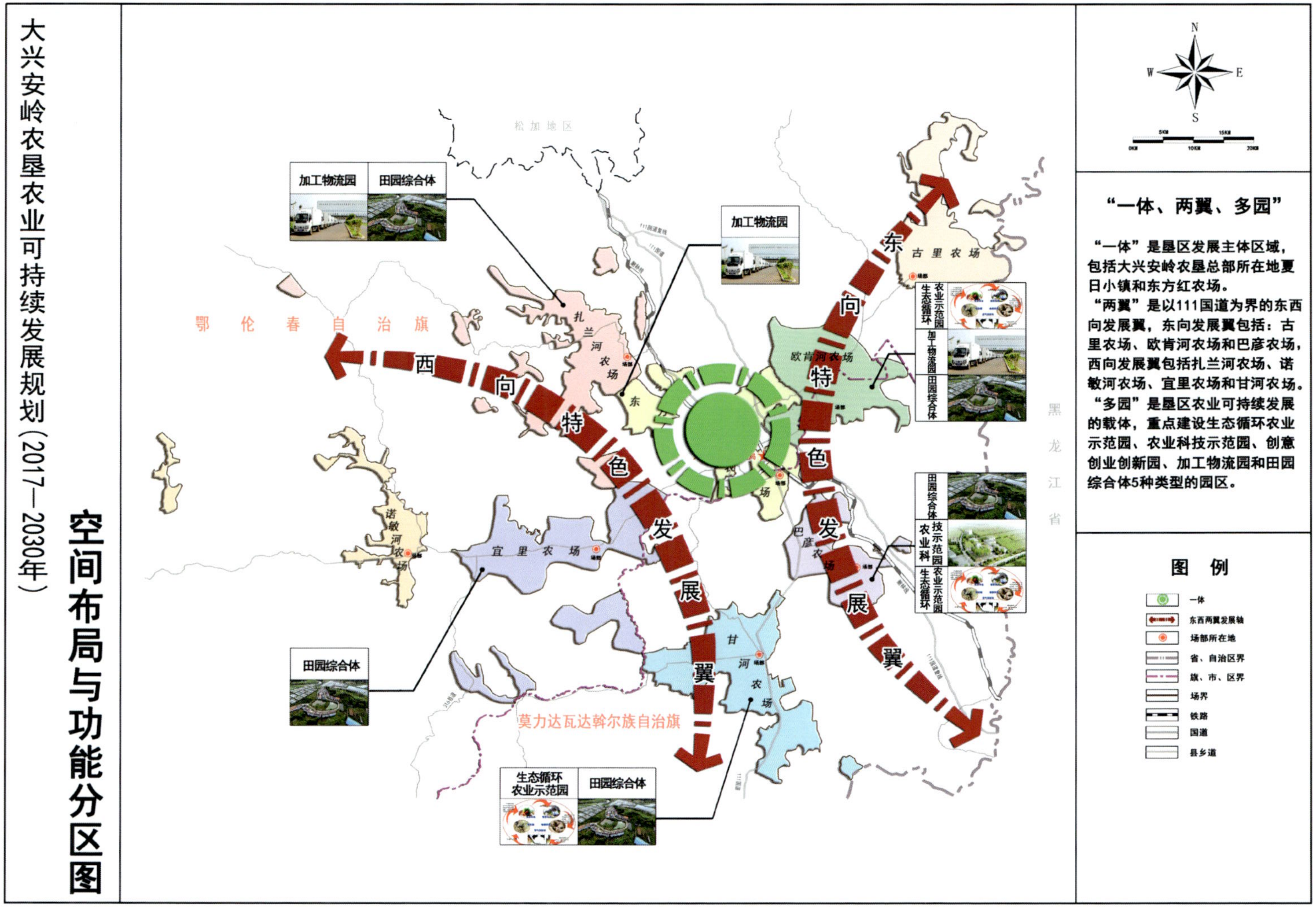

大兴安岭农垦农业可持续发展规划（2017—2030年）

空间布局与功能分区图

“一体、两翼、多园”

“一体”是垦区发展主体区域，包括大兴安岭农垦总部所在地夏日小镇和东方红农场。

“两翼”是以111国道为界的东西向发展翼，东向发展翼包括：古里农场、欧肯河农场和巴彦农场，西向发展翼包括扎兰河农场、诺敏河农场、宜里农场和甘河农场。

“多园”是垦区农业可持续发展的载体，重点建设生态循环农业示范园、农业科技示范园、创意创业创新园、加工物流园和田园综合体5种类型的园区。

图 例

一体

东西两翼发展轴

场部所在地

省、自治区界

旗、市、区界

场界

铁路

国道

县乡道

东向特色发展翼

西向特色发展翼

古里农场

欧肯河农场

巴彦农场

扎兰河农场

诺敏河农场

宜里农场

甘河农场

东方红农场

加工物流园

田园综合体

生态循环农业示范园

农业科技示范园

鄂伦春自治旗

莫力达瓦达斡尔族自治旗

黑龙江省

松加地区

图 3 空间布局与功能分区图

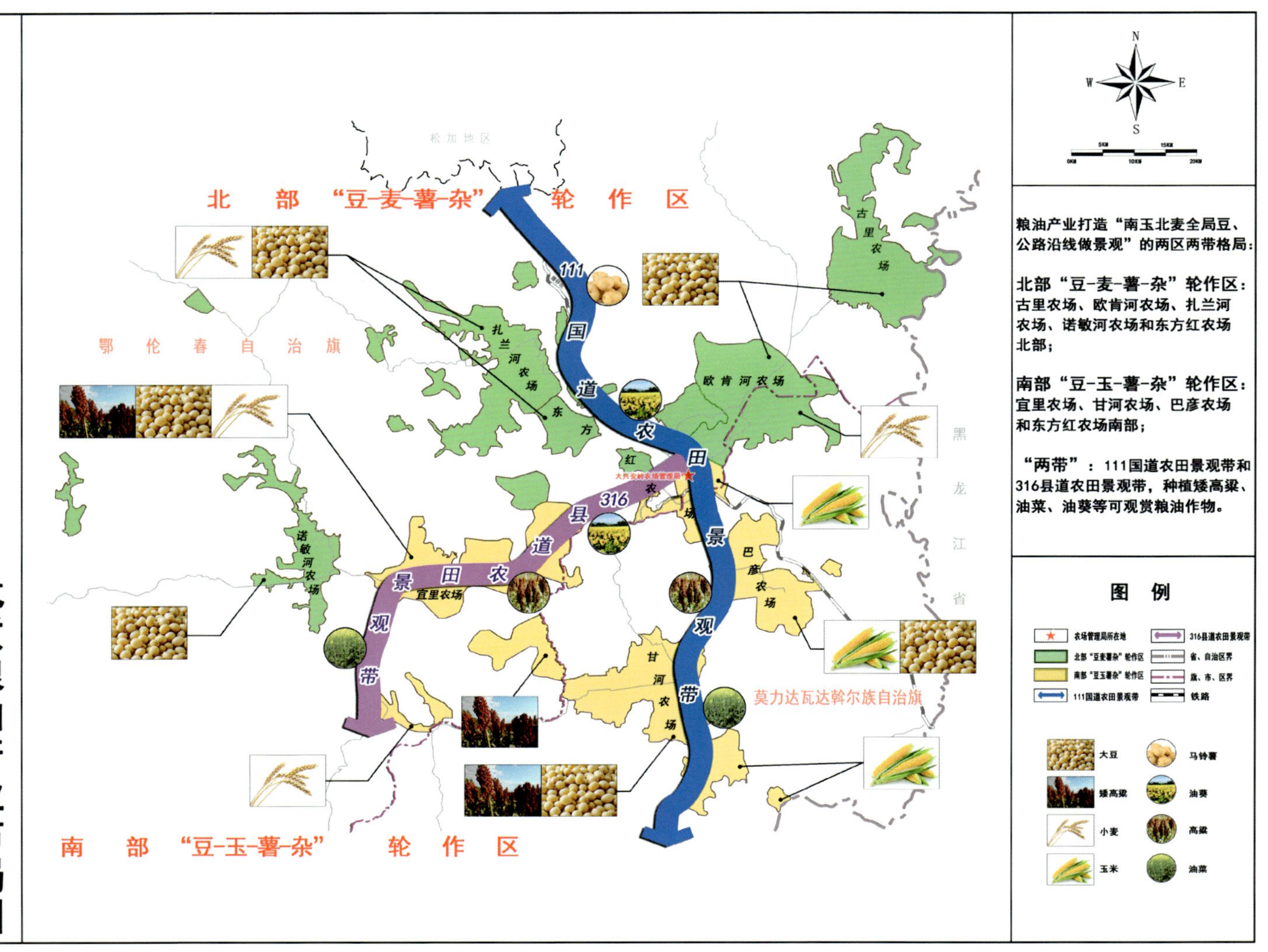

图 4 优质粮油产业布局图

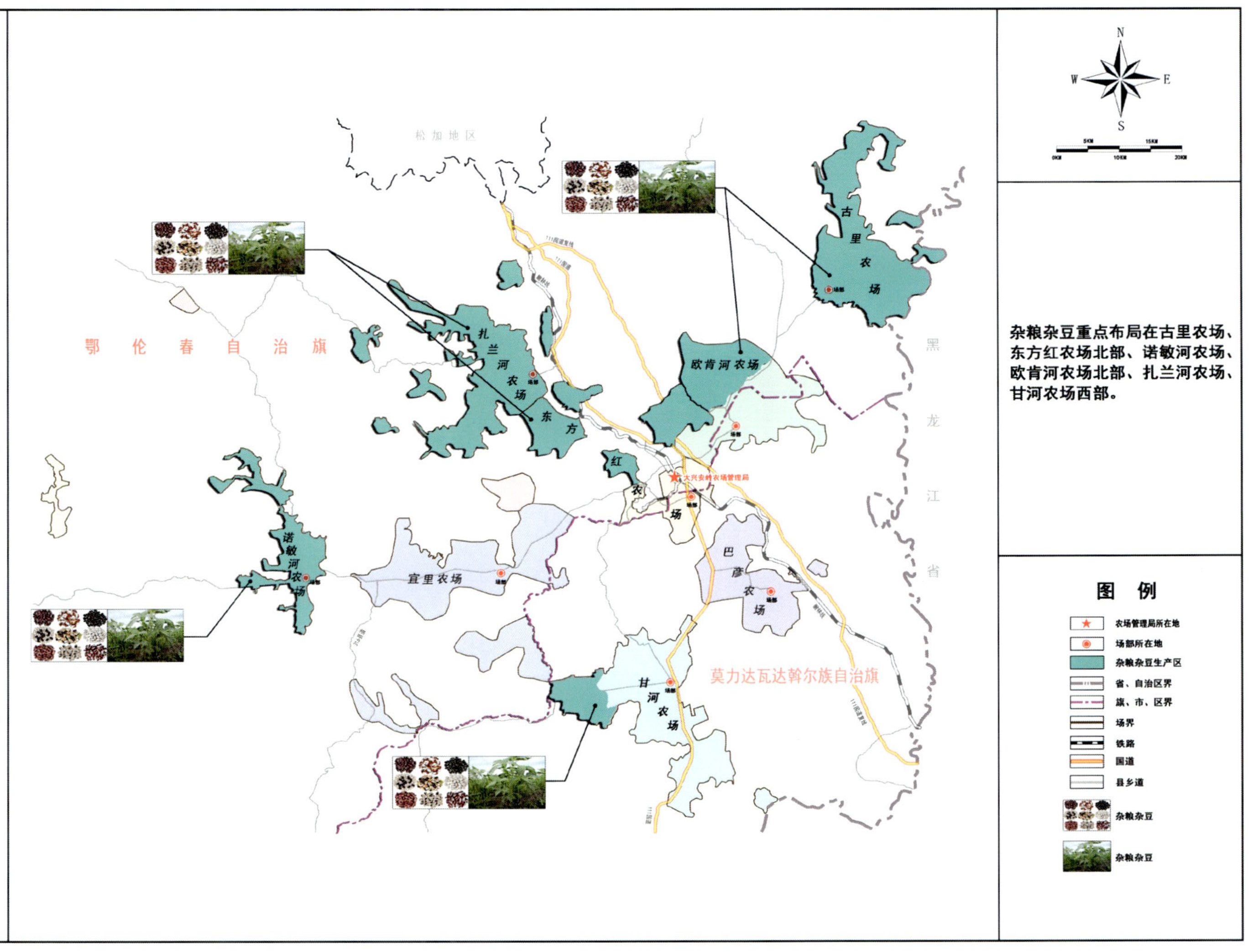

图 5 杂粮杂豆生产布局图

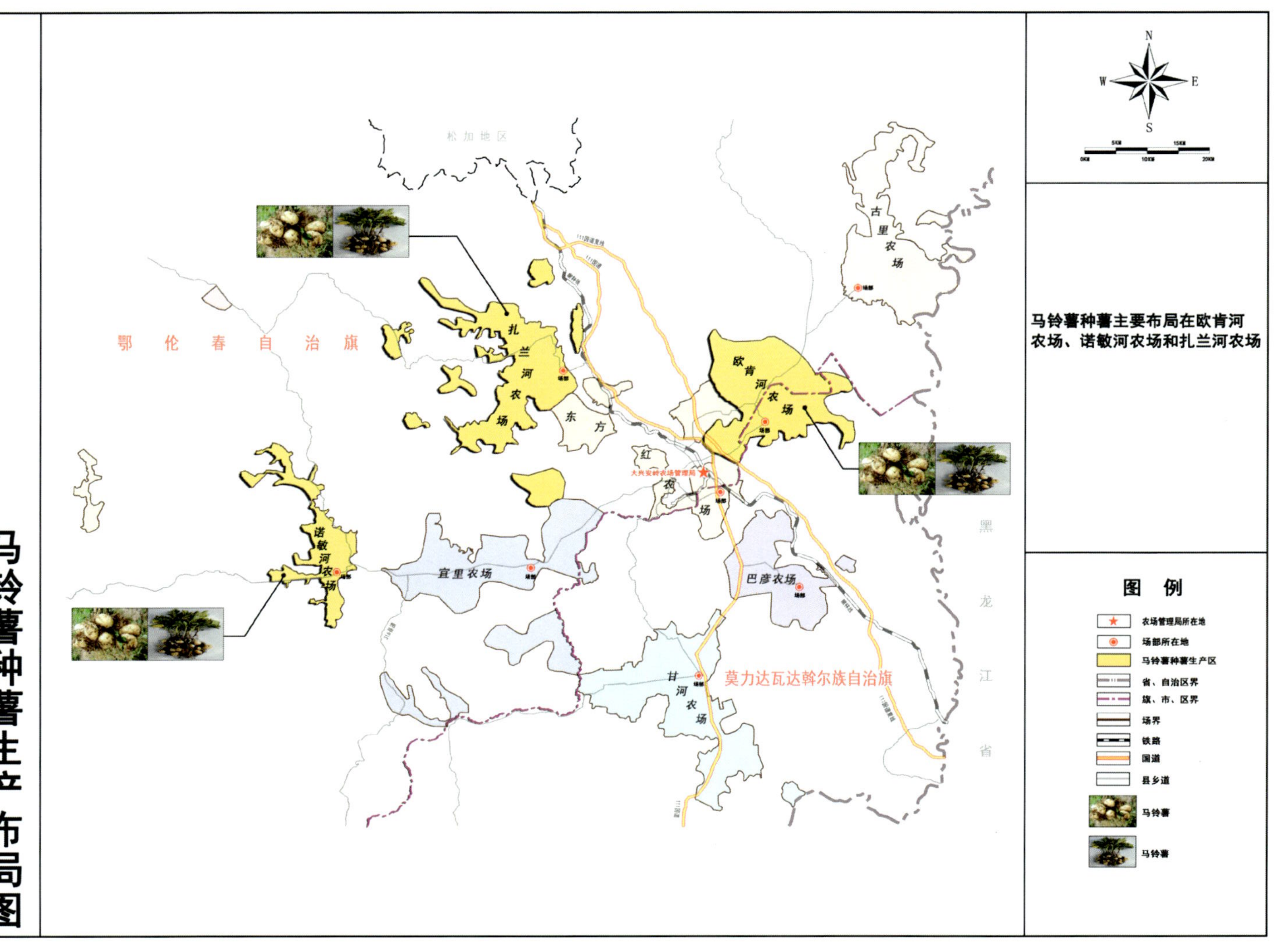

图6 马铃薯种薯生产布局图

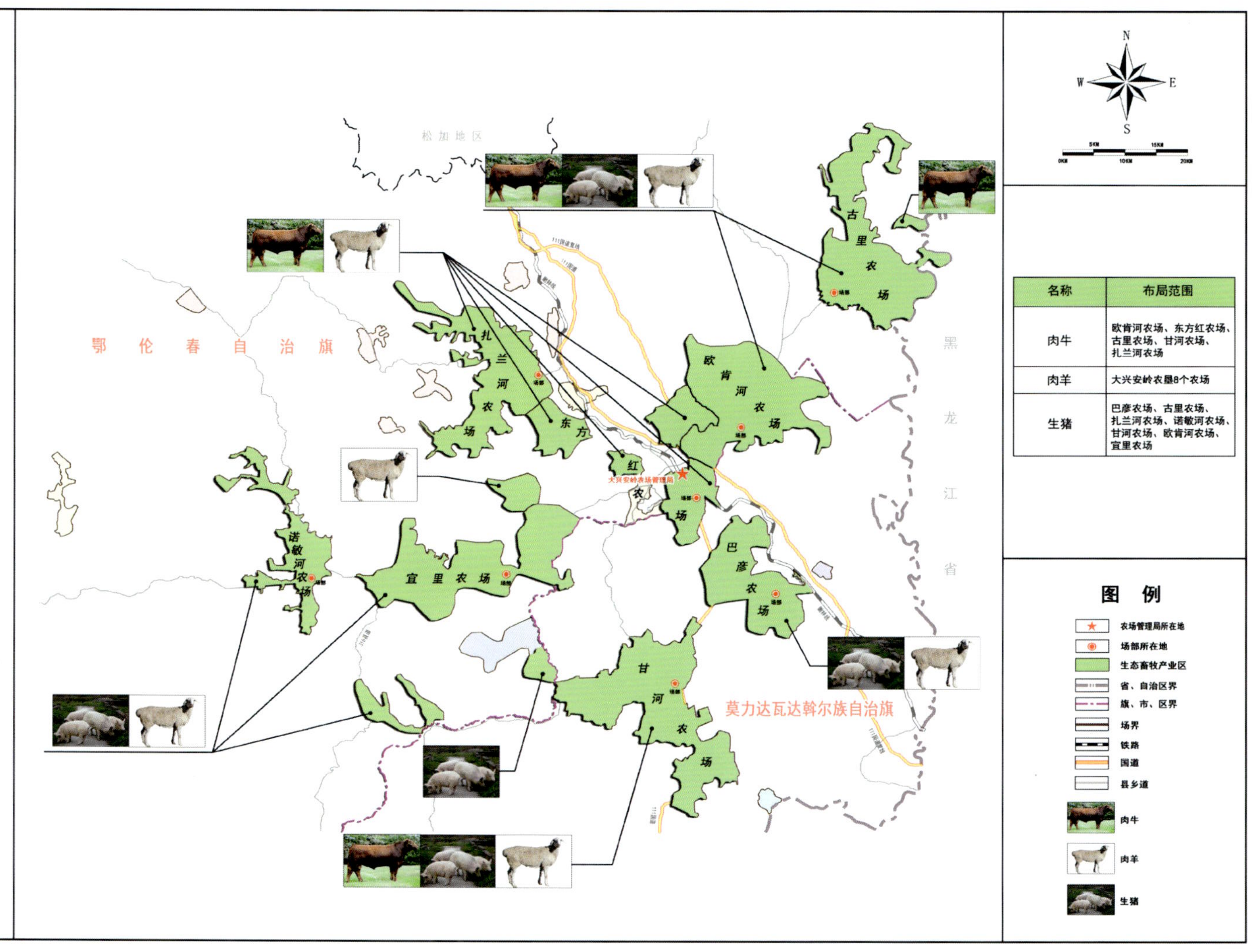

图 7 生态畜牧产业布局图

饲草料产业布局图
大兴安岭农垦农业可持续发展规划（2017—2030年）
图例
农场管理局所在地
场部所在地
饲草料产业区
省、自治区界
旗、市、区界
场界
铁路
国道
县乡道
天然草场
人工种草
名称
布局范围
天然草地
扎兰河农场、宜里农场、古里农场、诺敏河农场、欧肯河农场
人工种草
古里农场、欧肯河农场、巴彦农场、甘河农场、扎兰河农场、宜里农场
黑龙江省
古里农场
欧肯河农场
巴彦农场
甘河农场
扎兰河农场
宜里农场
诺敏河农场
东方
莫力达瓦达斡尔族自治旗
鄂伦春自治旗
图 8 饲草料产业布局图

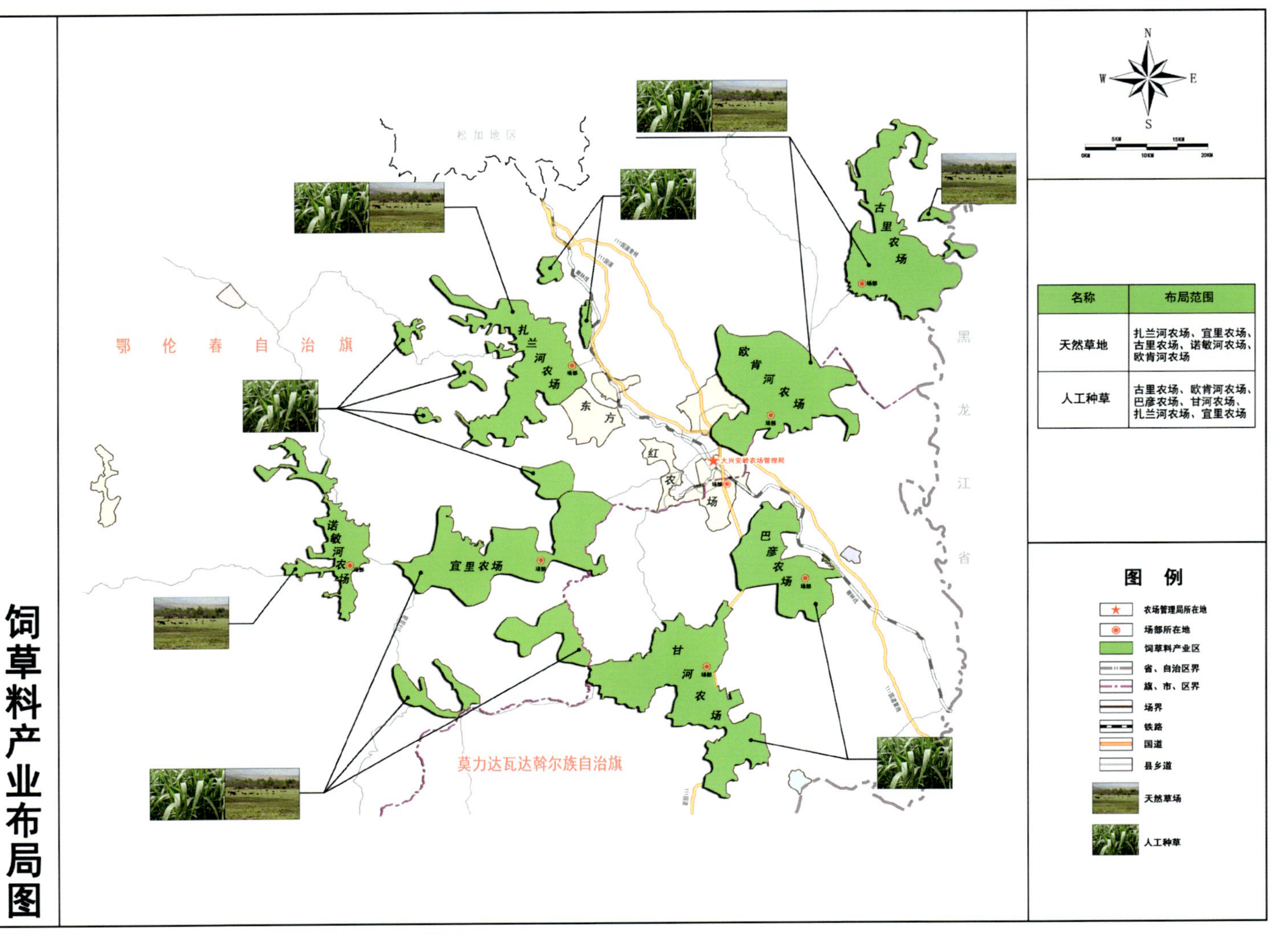

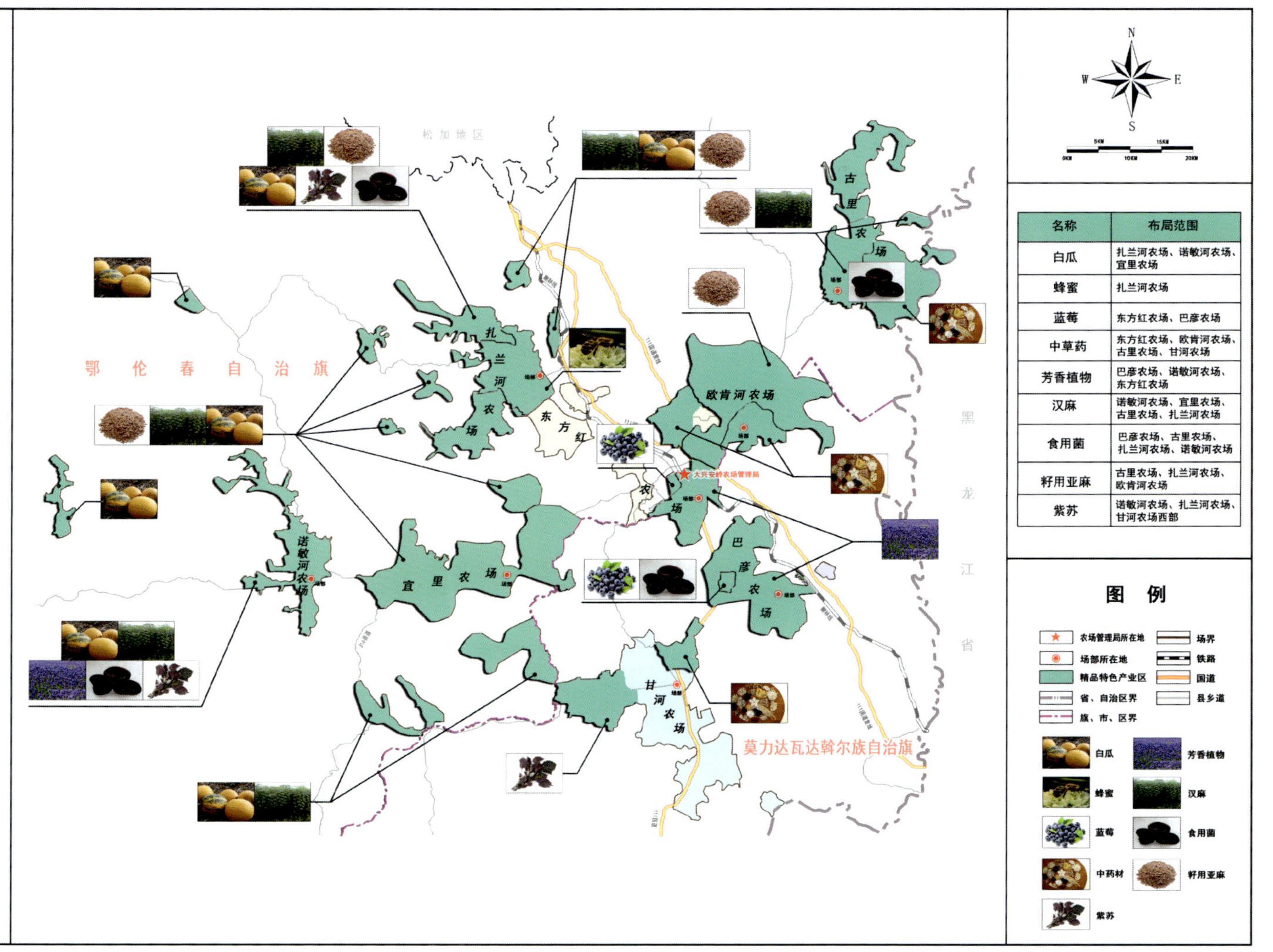

名称	布局范围
白瓜	扎兰河农场、诺敏河农场、宜里农场
蜂蜜	扎兰河农场
蓝莓	东方红农场、巴彦农场
中草药	东方红农场、欧肯河农场、古里农场、甘河农场
芳香植物	巴彦农场、诺敏河农场、东方红农场
汉麻	诺敏河农场、宜里农场、古里农场、扎兰河农场
食用菌	巴彦农场、古里农场、扎兰河农场、诺敏河农场
籽用亚麻	古里农场、扎兰河农场、欧肯河农场
紫苏	诺敏河农场、扎兰河农场、甘河农场西部

图 9　精品特色产业布局图

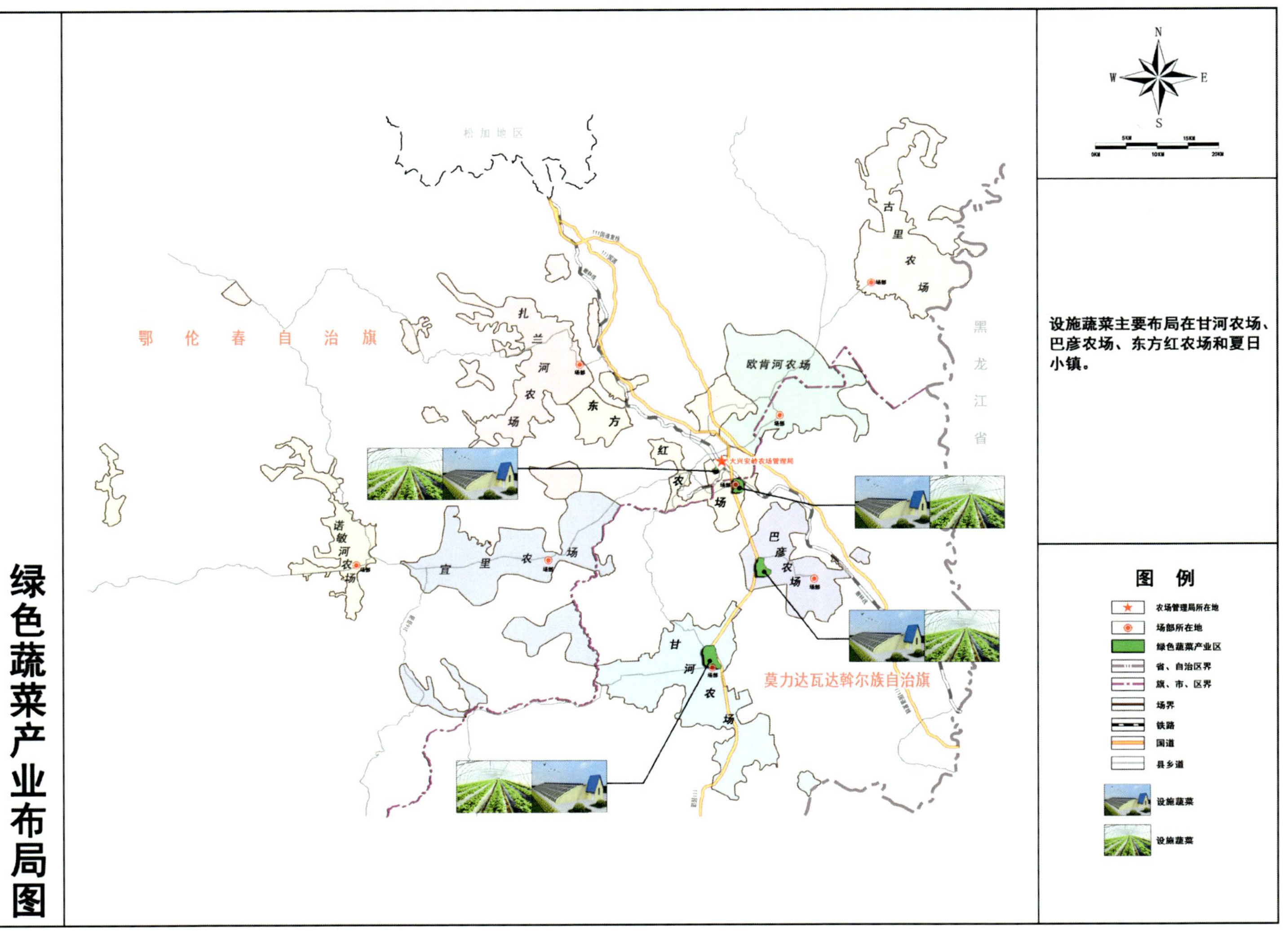

图 10 绿色蔬菜产业布局图

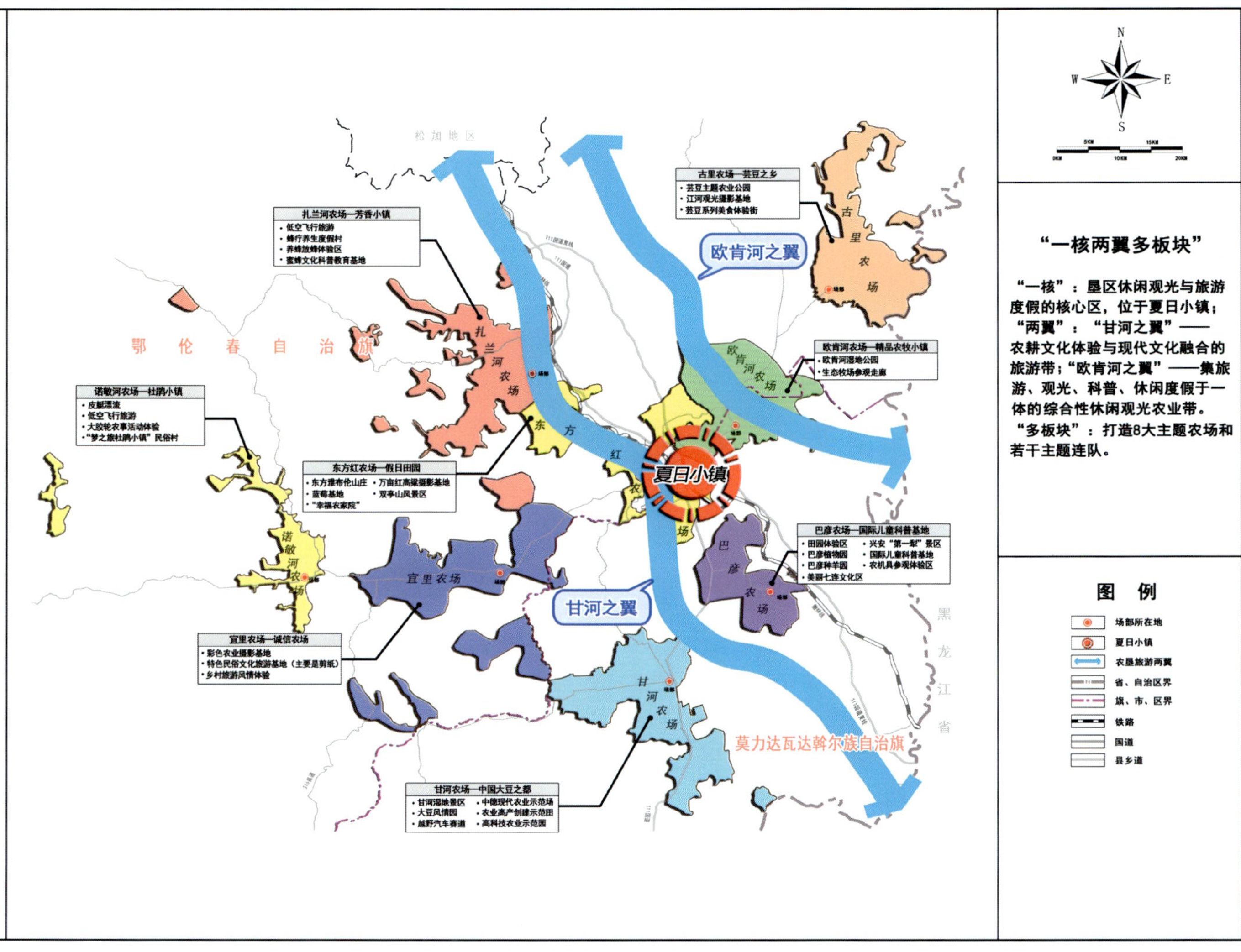

图 11 休闲观光与乡村旅游产业布局图